大学入試

本番で失敗しない！
やりがち NG をおさえる

JN036405

特急合格BOOK

監修 ＡＯＩ／福井悠紀

Gakken

この本を手に取っていただきありがとうございます。私は、総合型選抜専門塾 AOI の創業から7年にわたり総合型選抜の指導に携わってきました。その中で多くの受験生や保護者の方、学校の先生方とお話しをする機会があったのですが、そこでわかったのは総合型選抜に対する間違ったイメージを持っていたり、勘違いをしたりする人が非常に多いということです。

特に面接においては、「答えを丸暗記すれば良い」「準備をしなくても受け答えさえしっかりしていれば落ちない」などのイメージをもつ方が多いですが、残念ながらそれは大きな勘違いです。この本では"特急 BOOK"という名の通り、スピーディーに面接のコツをつかむことができるよう、よくある勘違いとそれらに対応した解説がケースごとに図とともに具体的にまとめられています。"絶対にしてはいけないこと"をおさえることで、大きな減点を防ぐことができ、合格に近づくのです。

学校や塾の先生との面接練習を始める前に本書を読むだけで、練習の質があがるはずです。試験直前の復習にも、ぜひ活用してください。

監修　AOI　福井 悠紀

もくじ

第1章 面接のNG

第2章 面接でよく問われる！ 頻出質問

本書の特長と使い方

point 1 面接の基本がわかる

本書は、推薦入試における面接の基本情報のほか、面接がどのように
行われ、評価されているのかを理解するのに役立ちます。

point 2 やってはいけない NG ポイントがわかる

本書では、「やってはいけない NG ポイント」を紹介しています。
注意するべきポイントを正しく理解し、適切に対策を進めましょう。

point 3 やりがち度・危険度・頻出度がわかる

NG ポイントには、「やりがち度」と「危険度」の 2 つの指標を掲載し
ています。やりがち度が高いテーマや危険度の高いテーマは特に気を
つけるようにしましょう。
また、頻出質問については「頻出度」の指標を掲載していますので、
きちんと対策をしておきましょう。

point 4 図、イラスト、表、答案例でわかりやすい

本書は左ページが解説、右ページが図解を基本構成としています。
図やイラスト、表や答案例を豊富に使い、理解を深めやすい構成とし
ています。

現在の推薦入試の状況とは

推薦入試が増えている

　現在、推薦入試で大学に進学する人が増えており、令和3年度には推薦入試での入学者数が50.3％と半分を超えました。大学入試ではもはや推薦入試が主流になりつつあると言っても過言ではありません。かつては、一般入試が王道の選抜方法であったかもしれませんが、それは過去の話。すでに推薦入試は大学進学の重要な選択肢となっています。

一般入試と推薦入試の違いとは

　一般に大学入試と言うと学力試験のイメージが強く、推薦入試の受験生は受験勉強をしなくてよいと思われることもあります。しかし、推薦入試には推薦入試ならではの勉強が必要です。たとえば、学校推薦型選抜では高校での評定平均が出願資格を上回る必要があります。総合型選抜では小論文やプレゼンテーションを試験に取り入れている大学も少なくありません。つまり、推薦入試にもしっかりとした勉強、しっかりとした対策が必要なのです。

一般入試と推薦入試の違い

	一般入試	推薦入試
入学試験の時期	入学する年の 1月〜3月	入学する前年の 9月〜12月
出願書類	願書・調査書	願書・調査書以外に、 志願理由書や 事前レポートなどが 求められることも
選抜方法	学力試験	調査書、書類選考、 面接、小論文、学力試験、 実技試験等を総合的に 評価する
合格発表までの 期間	2週間程度	1ヶ月以上かかる場合も
合格から 入学までの期間	1ヶ月〜2か月	3か月〜4か月

チャンスがいっぱい！

9月〜12月
推薦入試

1月〜3月
一般入試

推薦には大きく分けて2種類ある

学校推薦型選抜とは

　学校推薦型選抜は高校の校長先生からの推薦に基づき、主に調査書を用いて行う試験方式です。高校の評定平均が出願資格や合否判定に関わり、出願に必要な評定平均は大学が独自に決定します。準備の前に出願資格をしっかり確認することが重要です。

　学校推薦型選抜では、評定平均が重視されるため、学校の勉強をしっかりやって、定期テストで好成績をとってきた人に向いている入試形式だと言えます。

総合型選抜とは

　総合型選抜は、志願者の能力・適性や学習に対する意欲、目的意識等を総合的に評価する入試方式です。エントリーシートなど出願時の提出書類の内容と、面接、口頭試問、小論文、プレゼンテーション、学力・実技試験などを課して、時間をかけて判定します。

　その名の通り受験生を「総合」的に評価するのですから、大学が求める項目をクリアできるように準備する必要があります。

推薦には 2 種類ある

	学校推薦型選抜 （指定校推薦の場合）	総合型選抜
対象	大学の指定校推薦枠を持っている高校の生徒	高校生以上 （一部例外あり）
出願資格	評定平均が大学が指定する出願資格の基準を超えていて、校長先生の推薦があること（ただし校内選考がある場合もある）	高校卒業・卒業見込みの生徒
出願時期	11月1日前後	9月1日以降（大学入学共通テストの出願が必要な場合もある）
選考方法	推薦書・調査書と独自試験 （面接など）	エントリーシート、面接、口頭試問、小論文、プレゼンテーション、学力検査などを通して、大学のアドミッション・ポリシーに合致する受験生を選抜する

選抜としての面接

選抜方式にはどのようなものがある？

　近年、多くの大学の入学者が、総合型選抜、学校推薦型選抜での合格者となっていることを紹介してきました。その選抜方式では、多くの大学が、志望理由書・小論文・面接などを課しています。

- 志望理由書…主に、「なぜ大学へ進学したいのか」という志望理由と、「自分がどのように優れているか」という自己PRを記入し、大学へ提出する書類です。
- 小論文…あるテーマに対する自分の意見を、論理的に相手に説明する文章です。
- 面接…面接官と受験生が対面となり行われるものです。

※学校推薦型選抜は、学校長の推薦に基づき調査書を用いて試験が行われる。

面接で問われる力

　面接は、次の3つのポイントに注目して行われます。

❶ 受験生がどのような人物であるか
❷ 受験生の人間性が大学と合っているか
❸ 受験生が学ぶ姿勢を持っているか

　面接では、人物像・人柄、入学後に意欲をもって勉学する姿勢があるのかなどを判断します。最終的に、書類と面接で総合的に判断して受験生を評価しています。

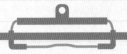

選抜方式のいろいろ ※総合型選抜の場合

- ☑ 志望理由書
- ☑ 小論文
- ☑ 面接
- ☑ プレゼンテーション
- ☑ 学力・実技試験など

情報を集めよう

面接の種類

面接にはどのようなものがある？

面接は主に4つの形式で行われ、大学が重視するものによって、面接形式が異なります。

❶ 個人面接

面接官と1人の受験生が対面する形式で行われます。個人面接では、入室から退室するまで、マナーや姿勢を含めて細部に渡り面接官はチェックしています。面接官は複数人いる場合もあります。

❷ 集団面接

面接官と複数の受験生が対面する形式で行われます。1つの質問に対して、受験生に順に質問していく場合が多く、受験生が他の人と比べてどのような意見を述べるのか、見られています。

❸ 集団討論（グループディスカッション）

課題に対して、複数の受験生で意見を出し合うものです。討論がどのように進み、初めて対面する人たちと各人がどのようにコミュニケーションを取り意見を述べるのか、見られています。

❹ プレゼンテーション

テーマや企画について、パソコンやスライドなどの資料を使って説明することをプレゼンテーションといい、面接では、受験生が面接官に対して行うものです。自分の意見をただ伝えるだけではなく、聞く人（面接官）が納得するように、話し方・資料の作り方の工夫が必要です。

面接は主に 4 種類！

個人面接

集団面接

グループディスカッション

プレゼンテーション

第 1 章

面接の NG

1章では、「面接の種類」や「面接の流れ」など基本的な内容について紹介しています。また、面接はどのような目的で行われているか、丁寧に解説しています。面接に対する姿勢・取り組み方を知り、しっかり対策していきましょう。

01

面接を知る

面接について何も知らない。

面接試験とは？

　面接試験とは、受験生の学力だけではなく、**人間性を総合的に評価する試験です**。学校推薦型や総合型選抜、医学部では一般入試でも、受験生の人となりを見るために、ほとんどの大学で面接試験が行われます。

　面接には、受験生一人に対し面接官が一人から数人の「個人面接」、数人の受験生に対し面接官が数人の「集団面接」、受験生がテーマに即したディスカッションを行い面接官が様子を観察する「グループディスカッション」といった形式があります。

推薦入試の実情は？

　近年、多くの大学で入学者の約半分が、学校推薦型、総合型選抜での合格者となっています。これらの選抜方式ではたいてい面接が課せられるため、大学入試において**人間性が大学にマッチしている人物かどうかを重視する傾向が高まってきていると言えます**。しかし、どこの大学でもいいから進学できたらよい、という姿勢では、面接で意欲のない学生と見られてしまうので、本当に行きたい大学かどうかを考えて出願する必要があります。

面接の種類

個人面接

マナーや姿勢を見られやすい

集団面接

他の受験生に気を
取られない

グループディスカッション

周りの人と協力する
姿勢を見せる

POINT

☑ 面接試験は、人間性を総合的に評価する試験。

☑ 学校推薦型、総合型選抜、医学部では面接が課せられる。

02

面接の基本

面接対策はしても意味がない。

➡️ 対策している人としていない人との違いは？

　面接は小論文などと比べて対策しようがないと思い込んでいる人もいると思いますが、これはNG！

　面接では、志望理由書だけでは測れない能力や、志望理由書から伺えない人柄が見られています。そのため、面接の練習をしていないと、何を答えてよいかわからなかったり、緊張して言葉につまってしまったり、頭が真っ白になって答えられなくなったりしてしまうこともあります。ですから**高校にある進学指導室や進学センターなどで、志望大学の面接項目の情報を集めて、どのようなことが問われるのかを知って、どのようなことを答えるのがよいか、用意ができる答えは用意しておきましょう。**そうすることで、つまることなく面接の質問に答えることができるようになるでしょう。

➡️ 対策をすることで自分の弱点を見つけよう。

　面接練習をしていく中で、答えづらい質問が出てくるでしょう。それが**あなたの弱点で、志望理由書で不足している部分**でもあります。それを克服できるように、面接対策をしていきましょう。

ハキハキと答える。

印象にも
差が出るよ！

答えることがまとまっていない。

POINT

☑ 面接は事前の対策が必須。

☑ 面接の練習をすることで、自分の弱点を見つけよう！

やりがち度 ！ ！ ！　　危険度 ⚡ ⚡ ⚡

面接の基本

面接対策は一人でやるもの。

NG

✏ 話す内容は自分でまとめよう！

前項で調べた志望大学の面接項目の情報をもとに、**質問に対する答えを、自分の言葉でまとめていきましょう**。面接対策の第一段階として、自分で問いに対する答えを書いて、話せるようにしましょう。しかし、どのようなタイミングや順番で質問がくるのかはわかりません。意図していない質問もくる可能性があります。ですから第二段階として、学校の先生、塾の先生、保護者などに面接官役をしてもらい、面接の練習をしていきましょう。

✏ 他者の目線でアドバイスをもらおう。

面接官役をしてくれている**第三者から、質問に対する答えで気になる部分や、突っ込みどころを指摘してもらいましょう**。そして、「なぜ」「だから」「たとえば」などの視点を入れて答えられるようにしておきましょう。自分で思っている自分と、第三者から見られている自分というのは違っているものです。多くの人の視点で自分を見てもらって、**客観的な自分**を見つけていけるようにしましょう。

面接対策

自分でやること

私は〜 〇〇で…

Tips

自分の言葉でまとめていく

他者とやること

Tips

答えに対して「なぜ」「だから」「たとえば」など
突っ込んでもらう

POINT

☑ 話す内容は自分でまとめる。

☑ 他者目線のアドバイスをもらい、自分を客観視しよう！

やりがち度 ❗❗❗ 　危険度 ⚡⚡⚡

面接の基本

流れを知らずに面接にのぞむ。

➡ 面接の流れとは。

　志望理由書を含めた願書を提出し、面接の段階に進むことができた場合、**面接当日の流れ**をしっかりと確認しましょう。
　面接会場に到着したら控室で待つことになります。係員の指示に従って、静かに待ちましょう。**面接試験は、すでに始まっています**。名前を呼ばれたら、返事をして面接の場所に向かいます。

➡ 入退室までを把握しておこう。

　入室するときは、**ドアを3回ノック**して、**「どうぞ」と言われた後に「失礼します」と言い、入室します。背を向けずドアを静かに閉めましょう**。面接官の前にある椅子のところまで進み、出身校と名前を述べ「よろしくお願いします」とまとめます。その後、お辞儀をします。**挨拶とお辞儀を同時にしないように気をつけましょう**。「どうぞ」と言われたら、「失礼します」と言い、背もたれによりかからず着席しましょう。面接が終わったら、**面接官の顔を見て**、「ありがとうございました」と述べ、その後**お辞儀し、退室します**。**ドアは背を向けず閉め**、閉める前にお辞儀をしておくとよいでしょう。

面接の流れの確認！

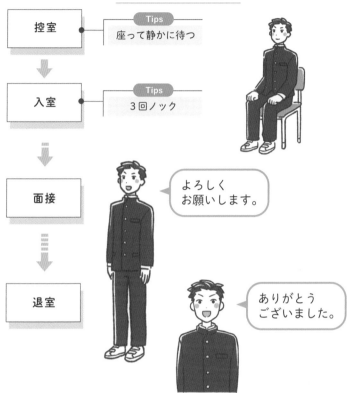

控室 — Tips 座って静かに待つ

入室 — Tips 3回ノック

面接 — よろしく お願いします。

退室 — ありがとう ございました。

立ち居振る舞いや、言葉遣いを確認されている！

POINT

☑ 面接の流れを調べておく。

☑ 入退室までの流れを把握しておこう！

05

面接の基本

志望理由と矛盾したことを話す。

✏ 面接官が知りたいこととは？

　面接での肝は志望理由書です。質問は志望理由書をもとに行われます。志望理由書をもとに、**書類では測れない能力や知識**を質問によって確認しています。

> ・本人の人間性が学校にとって魅力的かという**相対評価**。
> ・志望理由書は自分が考えて**自分の言葉で書いた書類である**か、書いたことが本当なのかという**絶対評価**。

　志望理由と矛盾したことを話すと、他人に考えてもらって書いたものだと判断されてしまうため、絶対評価の部分で減点されてしまいます。**志望理由書は、大学のことを調べ、自分の学びたいこと、将来像を見つめて、自分の言葉で書きましょう**。その後に、学校の先生などに読んでもらって、論の飛躍やわかりづらい点を指摘してもらい直していきましょう。

✏ 面接とは進学への熱意を聞いてもらう場だ！

　面接とは、**その大学への進学の熱意を聞いてもらう場**です。きちんと答えられるために大学や学部、周辺情報などを事前に調べ、**進学に対する「準備ノート」**を作成し、メモしておきましょう。

面接官が知りたいことは…

志望理由書は自分で書いたのかな？
志望理由書をもとに質問しよう

志望理由書から測れない能力・知識、
本学にとって魅力的な人物かどうか
が、知りたいなあ

本学に進学したいという熱意は、
どれくらいあるのかな？

**志望理由書を自分で書いたのか確認されている！
あなたの能力や魅力を見られている。**

**あなたの価値を評価 ▶ 他の生徒と比較して評価
あなたの主張の調査 ▶ あなた自身の話を聞いて評価**

POINT
- 志望理由書と矛盾したことを話すのはNG。
- 進学への熱意を聞いてもらう場なので、事前の調査が必要！

06

面接の基本

志望理由を暗記して おけばよい。

➡ ## 暗記すること「も」大事！

　面接での質問に対する齟齬を防ぐために、暗記も大事です。しかし、どうしてその大学に入学したいのか、その大学でなければならないのかを軸とした志望理由を、**自分の言葉で**、きちんと伝えることが重要です。面接はスピーチではありません。書いてあることを暗記して繰り返すだけにならないように気をつけましょう。志望理由をきちんと答えられるのは当然であり、志望理由プラスαの内容を伝えられる準備をしておくことが重要です。

➡ ## 志望理由を超えた質問もされることがある。

　志望理由が本当であるか、どれぐらいの本気度を持っているのかを確かめるために、志望理由を直接聞くのではなく、**違う問い方や少しひねった掘り下げ方**をされることもあります。例えばこのような質問がされることがあります。

> ・あなたの目的を達成するためになぜこの大学が必要と思ったか

　このような質問に対応するために、**自分が出した志望理由書に関する内容の周辺知識や、大学の先生が書いている論文**などもおさえておくとよいでしょう。

それでは面接を始めます

はい、
よろしくお願いします

志望理由書の内容を暗記したし、大丈夫。周辺情報もまとめてあるからしっかり自分の言葉で伝えよう！

提出した書類 + 大学に関する基本情報 + 大学と基本的な知識（アドミッションポリシー・時事問題）を関連づけて答えよう

POINT

☑ 志望理由書を暗記することも大事。

☑ 志望理由書の内容の周辺知識や、教授の論文なども確認を！

志望理由以外の準備をしない。

書いてあることは読めばわかる。

　志望理由は**書類に書いてあることを読めばわかります**。志望理由書の提出だけでなく、面接試験を設けるのは、**書類から測れない能力や知識を知りたい**からです。そのため、大学のこと、その大学の教授の論文、大学と社会の関連情報、大学と自分の関連、新聞やニュースの情報から知識を収集して、志望理由を超えた質問にも対応できるようにしておきましょう。**臨機応変に対応できるかどうか**も確認されていると考えておくといいでしょう。

書類から読み取れない人物像を見られている！

　面接官は、面接を通して、書類から読み取れない人物像を見て評価しています。**立ち居振る舞い、言葉遣い**、はもちろんのこと、質問に対して正しく答えられるか、**書類を超えた質問に柔軟に対応**できるか、四年後には出ていくことになる**社会に対して興味関心**を持って接しているか、などです。日ごろから、大学に関する情報を収集すると共に、社会に対して目を向けておきましょう。そうすると自分が社会に出たときに何ができるか、何をしたいのか、そのために何を勉強したいのか、も見えてくるでしょう。

「準備ノート」にメモしておきたいこと①

提出書類＋基本情報＋αを
「準備ノート」にメモしておこう！

準備ノート

・○○大学について

・20××年に新しく□□学科ができた

・▨▨大学と協定を結んで連携

教育 ⟷ 学生

地域社会

・社会に貢献することを理念にしている

・▨▨大学と協力関係にありながら□□

分野について詳しく勉強していきたい。

・その理由は…

学校で…　新聞・ニュースを

社会で…　まとめておく

Tips
何のどのようなと
ころに興味を持っ
たのかをメモ

POINT

☑ 書いてある内容は読めばわかるので、それ以上の情報を！

☑ 書類から読み取れない人物像を見られていると考えよう。

やりがち度 ! ! !　　危険度 ⚡ ⚡ ⚡

面接の基本

話すのが得意だから対策をしない。

✏️ コミュニケーションができればいいわけではない！

面接は「試験」であり、書類で測れない自分という人間を評価してもらう場であり、進学の熱意を伝える場です。楽しく会話をしましょうという時間ではありませんから、**コミュニケーション能力が高い、話すのが得意だから対策をしなくてもいいという考えはNG**です。笑顔が作れることや、質問につまらずに答えられることなどはプラスの印象になります。しかし会話が得意という人ほど、よい印象になりそうな内容に途中で変えてしまったり、その場のノリで論理的でない返答をしてしまったりする傾向があります。**書類と矛盾する内容はNG**です。書類をもとに問われているのですから、**志望理由の軸となる部分はきちんと書類に合わせて答えられるようにしましょう**。

✏️ 深掘りした質問もある！

書類で測れない能力や知識を知ろうとしているため、志望理由から一歩踏み込んで、**理想と現状の深掘り**、**きっかけの深掘り**、**キャリアの深掘り**など、のパターンがあるので、志望理由の周辺についての情報を「準備ノート」にメモしておきましょう。

「準備ノート」にメモしておきたいこと②

```
深掘り質問例！　答え方のヒントも参考までに！
```

質問例 なぜその学びではないとダメなのか？

【答え方のヒント】

・理想のために自分はこの学びをする必要がある

・興味がある研究の先行研究を当該教授がしている

質問例 あなたがそれをやる理由は何なのか？

【答え方のヒント】

・考え始めたきっかけ、それらを通じて感じた想い

・自分の夢を実現するための手段

質問例 本気でそのキャリアを歩むのか？

【答え方のヒント】

・目指している具体的な姿やロールモデル

・志望大学の卒業生

・キャリアは通過点と考えている

答えを「準備ノート」にまとめておこう！

POINT

☑ 会話が得意でも面接対策は必須！

☑ 深掘りした質問には、「準備ノート」をもとに答えよう。

面接の基本

何を聞かれるか調べない。

あらかじめできる準備は万全にしておくこと！

　志望理由書をもとに質問されることは、これまで述べてきました。ですから、**面接で何を質問されるのかを全く知らない・わからない、はNG。あらかじめ準備できることはきちんと準備しておきましょう**。進学指導室や進学センターなどに、先輩たちがどのような質問をされたかや面接の形式などを、レポートとして残している高校もあります。インターネットで調べるのも一つの方法ですが、情報源があいまいなものが多いので注意が必要です。一番よいのは、**その大学の面接を受け、入学した先輩に直接話を聞くこと**です。

過去の質問例を調べておこう。

　どのような質問がされるのかわからない、不安であると思うのはとても普通のことです。しかし、面接は志望する大学への入学の熱意を知ってもらう場です。ですから「本学を志望した理由は何ですか」「本学にどのような魅力を感じていますか」「どうして、経済学を学びたいと考えているのですか」などの**基本的な質問例にはきちんと答えを用意**しておきましょう。

「準備ノート」にメモしておきたいこと③

過去の質問例を「準備ノート」
にまとめよう！

「準備ノート」 まとめ例を
参考に！

準備ノート

・○○大学について

・留学生制度について

　日本人の利用、海外留学生の割合など

　　→HP によると　　→学部内の割合を聞きたい。

　　年間1万人

　　らしい。

・企業との提携について

　今後の目標などがあるか（○年までには増

　やしたいなど具体的に聞いてみたい。）

情報源は信用できるものを！

POINT

☑ 面接で聞かれることにはきちんと準備をして臨むこと。

☑ 過去の質問例を調べて「情報ノート」にまとめておこう！

10

面接の基本

完璧な自分をアピール する場と思いこむ。

✏️ かっこよく見せる必要はない！

面接では、よい印象を面接官に持ってもらおうと、**実際の自分 よりかっこよく見せたり、実際の自分のできること以上のことを 語ったりしてしまいがちですが、NG** です。本当なのか、嘘をつ いているのではないか、と疑われる可能性があります。できるこ と・できないことはそれぞれ人によって違いますから、完璧な人 間は存在しません。ですから、**質問に対して、真面目に、嘘をつ かないように答えていくことが必須**です。

✏️ 必要な部分の対策はしておく。

完璧な人間であるとアピールする必要はありませんが、質問に 対して、自信がない・できないといった答えばかりでは、面接官 から魅力的な人物と評価されないことも事実です。短所を見せた がらない人もいますが、**短所や苦手なことを克服しようとする姿 勢のアピール**が大切です。また、自己分析の復習や志望理由書の 読み込みなど、人に説明することを意識して、話す内容を整理し ておくことは大切です。

完璧な自分をアピールしなくてよい

○○もできて、△△も得意で…

誇張した話し方をする

○○には自信がありますが、△△については不勉強な部分があるので、そこを貴学で深く学びたい…

Tips
真摯な話し方をする

POINT
☑ 必要以上にかっこよく見せる必要はない！
☑ 話す内容を整理して、自分を理解してもらう準備が必要。

11

面接の基本

他の人より優れた自分 だけを見せようとする。 NG

➡ 協調性を見られている可能性もある。

　面接官は確かに、あなたが他の受験生と比べて、より**その大学 に「入学してもらいたい人物である」かどうか**という点を見ています。だからといって、他の人を貶めるようなふるまいはNGです。例えば、遠回しであっても「周りの人は○○ということを理解するのに時間がかかりますが、私はすぐに理解できます」というような発言は、他者を見下していると思われます。大学においてはグループで研究をしたり、発表をしたりする機会もあります。他者と協働できるという点が大切ですから、**自分が他の人と比べて優秀だと見せつけるような発言や態度は控えましょう**。

➡ 自分をよく見せることに終始しない。

　誰にでも長所・短所はあるものです。面接では短所について話すことを求められることもあります。ですから、自分をよく見せることに終始してしまうと、その質問に対して矛盾する内容を話してしまう可能性があります。**自分をよく見せることに終始せず、客観的に自分のことを考えているという姿勢を見せることを意識して**、面接を受けましょう。

苦手を克服する姿勢を示そう

他の人はできていない人が
多かったですが、私は…

・弱みを見せない発言
・弱みを隠し、必要以上に他の人
　と比べて見せつける発言

盛り過ぎたエピソードは

嘘だと見抜かれる！

私の○○である部分は短所
ではありますが…

Tips
・駄目なところもある自分について
　自分の言葉による発言
・駄目なところを克服する姿勢を示す

ただし、駄目なところだけを述べるのはNG！
自信なさげに見えるから気をつけて！

POINT

☑「協調性がない」と思われると減点になることもある。

☑ 自分を客観視して、よく見せることだけを考えないように！

12

面接の基本

予想外の質問は対策できない。

✏️ 予想外の質問がくると思って心構えをしておこう。

　基本は志望理由書を軸に問われますが、予想していない質問がくることもあります。**予想外の質問がくることに対する心構え**をしておきましょう。この類の質問は、あなたを困らせようとしているのではなく、あなたの**対応力や柔軟性**を見ています。ですから焦らず落ち着いて答えましょう。また、意表をつくような質問については、答えそのものよりも、**なぜそのように考えたのかというプロセス**を見られていることがあります。なんとなく答えるのではなく、**根拠を持って**答えられるようにしましょう。

> 例 あなたを動物にたとえると何ですか？
> ⇒猫だと思います。なぜなら一人で行動するのが苦にならず……

✏️ 言葉につまったときの対応を考えておこう。

　上記の対策をしたうえで臨んだとしても、思考が停止してしまうと「えっと」「そのー」「んー」という言葉が出やすくなります。回答につまったら「少々考えさせていただいてもよろしいでしょうか？」などと**断りをいれましょう**。

予想外の質問がきた場合の例

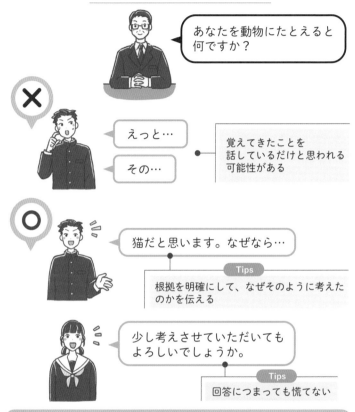

あなたを動物にたとえると
何ですか？

✕

えっと…

その…

覚えてきたことを
話しているだけと思われる
可能性がある

○

猫だと思います。なぜなら…

Tips

根拠を明確にして、なぜそのように考えた
のかを伝える

少し考えさせていただいても
よろしいでしょうか。

Tips

回答につまっても慌てない

対応力や柔軟性、考えのプロセスが見られているよ！

POINT

☑ 意表をつくような質問でも、根拠を持って答えよう！

☑ 言葉につまったときも、慌てないようにしよう。

とにかく長くしゃべればよい。

一方的な話をするべきではない！

　一人に対する面接の時間は決まっています。その時間内で、面接官はあなたという人物を評価するため、ある程度の質問を用意しています。ですから、一つの質問に対して、多くの情報を伝えなくてはならないと思い、自分ばかり話していると、面接官からの質問が減ってしまいます。質問が減るということは、面接官が問いたいと思っていた質問をする時間がなくなり、双方向のコミュニケーションが取れないということに繋がります。そうすると残念ながらコミュニケーション能力が低いと判断されかねません。また、⑯のような学生のアピールともとらえられかねません。**質問に対して、一方的な話をするべきではない！** ということを**忘れないように**しましょう。

面接官の質問をきちんと理解して答える。

　面接官の質問をしっかりと聞き、何が問われているのかきちんと理解し、**何を知りたくて、その質問がされているのかという意図をくみ取り**、簡潔で的確な答えをしていきましょう。

質問の意図をくみ取る

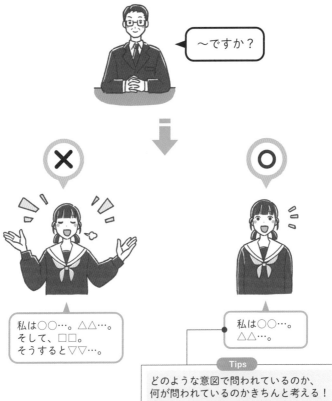

〜ですか？

✕

◯

私は○○…。△△…。
そして、□□。
そうすると▽▽…。

私は○○…。
△△…。

Tips

どのような意図で問われているのか、
何が問われているのかきちんと考える！

問われたことに対して簡潔で的確に！

POINT

☑ 面接は、一方的に話をする場ではないことを意識しよう！

☑ 質問の意図をきちんと理解して答えること。

14

面接の基本

質問は特になければ しなくてもよい。

質問できるチャンスを生かそう！

　面接官は教授である場合も多くあります。面接の評価と直接関係がない可能性はありますが、せっかくのチャンスです。**普段考えていることなどを聞いてみる**のもよいでしょう。例えば、

- ・〇〇という制度があるのですが、どれぐらいの学生が活用していますか？
- ・〇〇という制度を活用した学生はどのような仕事に就くことが多いですか？
- ・〇〇という研究を進めることで、△△ということができる可能性はあるのでしょうか？

などです。ただし、**ホームページやシラバス（講義内容を記した冊子）を調べたらわかることは聞かない**ようにしましょう。

本気度や熱意が測られる可能性も！

　質問が全くないと、受動的な学びが主体で能動的な学びを求めていないのではないか、本当に入学して学びたいのか、など、入学に対する熱意が無いと思われかねません。**大学の制度や論文などを調べ、一つ、二つの質問は用意しておきたいもの**です。

準備ノート

質問内容をまとめておく

・留学制度について

・企業や他大学との研究の提載について
　→○○教授の研究について興味がある。
　　将来○○教授の研究室へ行きたい。

・HPを調べて書かれていないかチェック

Tips

なぜ質問したのかという理由を問われることも
あるので、その理由も用意しておきたい！

POINT

☑ 質問は一つか二つ用意しておこう！

☑ 質問の有無で、本気度や熱意を測られる可能性がある。

言いたいことは一気に伝えればよい。

✏ 結論を先に、質問されたことに端的に答える！

　自分が考えていることの前提から話していきたい気持ちはわかりますが、**聞かれたことだけに答える**のが基本です。面接官が気になったことは、質問してくれます。ですから、

> **結論＋根拠または具体例で2〜3文を目安に答える**

ことを意識しましょう。結論をはじめに伝えることが大事です。あなたの答えをもとに次の質問がくるのです。

　志望理由や本学を知った理由などの、基本的な質問の答えは提出した志望理由書などをもとにして、**事前に考えておくといいでしょう**。そうすることで、質問をされたときに長々と話してしまうことが防げます。ただ、台本を準備するのではなく、メモ程度にまとめておくほうがいいでしょう。

✏ 面接官とコミュニケーションをとる！

　「とにかく長くしゃべるといい」わけではないのは⓭で学んだと思います。一方的にぺらぺら話してしまうと、面接官は問うことがなくなってしまいます。**面接官と自分が会話のキャッチボールをしていることをイメージして**、質問に答えていきましょう。

質問への答え方

質問します…

①質問　②回答

結論＋根拠または
具体例で2〜3文を
目安として答える

③質問

なぜそのように…

Tips

自分の答えに対して、
次の質問がくるので、
心構えを！

POINT

☑ 結論＋根拠または具体例で2〜3文を目安に回答！

☑ 面接はコミュニケーションであると考えよう。

16 志望理由について

志望理由で何を問われるかわからない。

▶ 「志望理由」はどんな準備をすればいい？

基本的には志望理由書に書いたことを聞かれるため、自分の書いた志望理由書を読み直しておきましょう。特によく聞かれるのは、次の6つです。

①その大学を知った理由
②その大学に興味を持った理由
③〇〇学を学びたい理由
④なぜ他ではなくその大学なのか
⑤その大学を目指したきっかけ
⑥その大学にどのような期待があるか

これらの内容を、**具体的に考えて、自分の言葉で話せるようにしましょう**。志望理由書を書く段階から、インターネットの情報などを丸写しにせず、自分で考えて整理しておくことが重要です。

▶ 事前の準備で大切なことってある？

志望理由書を書くときに準備した情報をまとめておくことが大切です。志望理由書を作成したときに調べたことは、ノートなどにまとめておきましょう。そのときに、その情報を知ってどう思ったか、どう考えたかなどをメモしておくと、面接対策に役立ちます。

志望理由でよく問われる質問例

本学を何で知りましたか？

なぜ本学に興味を持ったのですか？

なぜこの学科を志望されていますか？

別の学校ではなく、なぜ本学なのですか？

なぜ本学を受験しようと思いましたか？

本学でどのようなことをしたいと思っていますか？

準備していたから緊張せずに答えられるよ！

POINT

☑ 6つのポイントについて完璧に準備をしておこう。

☑ 志望理由書を書いたときの情報に目を通そう。

自己PRと自己紹介は同じだと考える。

➡ 自己PRと自己紹介では答える内容が違う！

どちらも面接官が「**他の学生と比較してあなたはどこが優れているのか**」を知るための、受験生を評価するという面の強い質問ですが、**自己PRと自己紹介では質問の観点が違います**。自己PRでは受験生の強みを、自己紹介では受験生がどのような来歴を持っているかを聞いています。

✏ 自己PRはどのように答える？

自己PRは、**自分の強み**を軸に話していきます。あなたは何をPRできるか、自分の強みだと思っていることをまとめておきましょう。「私の強みは〇〇です。」と簡潔に答え、その理由を続けていくとよいでしょう。

✏ 自己紹介はどのように答える？

自己紹介では、あなたの属性や経歴を問われています。自分の出身や、自分が今までやってきたことなど、**自分の歴史、事実**をベースに話していきましょう。

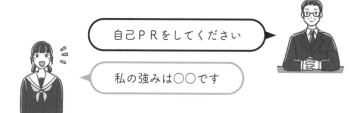

自己ＰＲをしてください

私の強みは○○です

自己ＰＲでは他者に知ってもらいたい
強みを答えよう

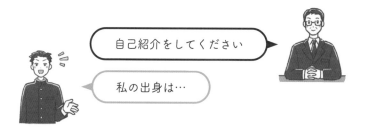

自己紹介をしてください

私の出身は…

自己紹介ではあなたの歴史・事実を
ベースに答えよう

POINT
- ☑ 自己ＰＲは現在の自分の強みを答えよう！
- ☑ 自己紹介は自分の歴史を軸に答えよう！

行きたい大学について
ほとんど知らない。

✏ 大学について調べていることを前提として質問される

大学、学部、教授、講義、それらにまつわる周辺知識や時事関係は事前にしっかりと調べておきましょう。

その大学の特色、自分が行きたい学部以外にどんな学部があるのか、どのような教授がどんな研究をしているのか、どのような講義があるのか、講義の形式など、オープンキャンパスやインターネットのホームページで得た情報を、準備ノートに書いておきましょう。

✏ 入学を強く望んでいるなら知っているはず！

その大学に入り学びたいと強く望んでいるのなら、**学校の環境やどのようなカリキュラムや制度が整っているのかを**知っているはず、という前提で面接が行われます。志望している大学について知らないと「本気で入学する気がない」と思われてしまいます。

特に、魅力と思っている制度や講義などは、具体的に話せるように準備をしておきましょう。「○○という制度を利用して△△をしていきたい」など自分の将来につなげていけるような答え方もよいでしょう。

そういえば、志望大学についてほとんど
知らない…

入学を強く望んでいるなら知っているはず！
という前提で質問がくる

次の4つを軸に調べよう！
時間をかけてしっかり調べることが大切！

| 理念 | 環境 | カリキュラム | 制度 |

最低限この4つは話せるように！

POINT
☑ 「理念」「環境」「カリキュラム」「制度」を調べよう！
☑ 将来につなげて具体的に話せるようにしておこう！

面接について

決まりきった質問しか されないと思いこむ。

NG

➡ 大学や勉強に関係のない質問がされることもある。

面接はあなたを少しでも知るための場です。大学や勉強に関係のない質問をされることもあります。事前に準備ができないような質問をすることで、その人の本質を知ることを目的としていることもあれば、ただ単に緊張をほぐすための質問のこともあります。正解はありませんので、**質問の内容をしっかりと聞いて答えましょう**。また、受験生の価値観や思想を知るための質問であることも多いです。当然ながら、人道的、道徳的に許されないような返答は避けなければなりません。他の人と違った答え方をしようとして、変にひねった返答を考える必要はありません。

➡ いじわるな質問をされることもある。

いじわるな質問は対応力や柔軟性を見ています。柔軟な考え方や、対応力は、学びを深めていったり、新しい視点を持ったりするときにとても大切な要素です。**焦らず落ち着いて答えましょう**。

　どんな質問でも、理由を交えて論理的に答えることが大事です。どう答えるか悩んだら「少し考えさせてください。」などと答えて、時間をもらいましょう。

特殊な質問例

明日死ぬとしたら何をしますか？

あなたを動物にたとえると何ですか？

あなたを色にたとえると何色ですか？

あなたのオススメな○○を紹介してください。

一つだけ願いが叶えられるなら何を叶えますか？

︙

正解はない！

価値観や思想　　　　対応力や柔軟性

などが問われている！

POINT
☑ 大学や入試に関係のない質問をされることを想定しておく。
☑ 特殊な質問にも焦らず、できるだけ論理的に答えよう！

第 2 章

面接でよく問われる！
頻出質問

2章では、面接で問われる頻出質問を紹介しています。よく問われる質問を一度整理しておくと、本番で落ち着いて答えることができます。" 急に問われても自分なら答えられるはず " と過信せず、ひとつひとつの質問について、じっくり取り組んでみましょう。

志望理由の質問

本学を知った理由を教えてください。

➡ 受験情報誌やインターネットの情報から

受験情報誌やインターネットを活用した場合は、「インターネットで大学を探しているときに見つけました」「オープンキャンパスの広告を見ました」など自身の聞いたことや知ったこと、調べたことを中心に、大学を知ったきっかけを答えていきましょう。

➡ 先輩や高校の先生など、身近な人から

先輩や高校の先生から薦められたり、聞いたりした場合は、「○○を学べる大学を探しているときに、高校の先生から貴学のことを教えてもらいました」「貴学で学んでいる先輩から話を聞きました」などの形で答えていくとよいでしょう。

➡ 自身が影響を受けた人物から

自身が進みたい、取り組んでみたい分野で活躍している人物がその大学の出身にいれば「○○氏が貴学出身であることから知りました」と答えるとよいでしょう。

大学を知ったきっかけを答えるとき

> 本学を知った理由を教えてください

●先輩や先生・尊敬する人に出会う

> 貴学で学んでいる先輩
> から〇〇と聞きました

大学を知る「きっかけ」に
個人差はあまりありません

●書籍を読む

> 〇〇という貴学教授の書
> かれた本を読みました

●パソコンやスマホで調べる

> オープンキャンパスの
> 広告で、貴学では〇〇
> が学べると知りました

**自分の見た・聞いた・調べたことを
自分の言葉で伝えることが重要**

POINT
☑ 自分で調べたことをシンプルに伝えよう！
☑ 知った理由によって減点されることはほとんどない。

志望理由の質問

志望分野に興味を持ったきっかけは？

▶ モチベーションの高さをアピールする

　大学は学ぶ場所ですから、入学したら真剣に学んでくれそうな受験生を合格させたいと大学の先生も考えます。面接では学びへのモチベーションが高いことをしっかりと伝えることが大切です。

　モチベーションの高さを伝えるには、自分がその分野に興味を持ったきっかけを語ることが有効です。 そのきっかけが衝撃的であったことや深く感銘を受けたこと、その思いが持続していることを伝えると、モチベーションを高く持って学びに向かおうとする姿勢が伝わります。

▶ 「ありがち」な体験ではアピールできない

　できれば高校での活動がきっかけになったことをアピールしたいところです。特に授業や探究のような学習活動の体験を挙げることが望ましいです。しかし、たとえば「授業がおもしろかった」「外国人と話ができてうれしかった」のような誰でも経験できそうなきっかけはNG。**他の人があまりしていない体験や、その体験に自分がいかに強く心を動かされたのかが伝わるエピソードを挙げる** ことが大切です。

日本人宇宙飛行士の姿に憧れて、宇宙の研究をしたいと思いました。

 単に憧れるだけなら他の人と同じ

宇宙船外活動の映像で、宇宙飛行士の生命を守る機械類に目を奪われ、宇宙工学を学ぼうと思いました。

 目のつけ所がユニーク

街で外国人に声をかけられて英語で受け答えしたことがきっかけで、英語に興味を持ちました。

 誰でも経験できそうなできごと

探究活動で辞書を引きながら外国の論文を読みきった経験から英語を学ぶことに興味を持ちました。

 学問への意識の高さが高校での活動から伝わる

POINT
☑ 大学で学ぶモチベーションの高さをアピールしよう！
☑ 体験の独自性やインパクトの強さを伝えよう！

志望理由の質問

学習計画を具体的に教えてください。

➡ 入学してからの学びを今から考えておく

代表的な質問例は、

- **入学したらどのように学習を進めようと考えていますか?**
- **入学してからの学習計画を教えてください。**

などです。

この質問に的確に答えるには、志望理由書を書くときに大学の授業や先生の専門分野を調べることが必要です。特に**大学のシラバス（講義計画と内容を解説したガイド）を読み込み、大学での学びのイメージをしっかりふくらませておく**ことが大切です。

自分の学びたい分野・方向がしっかり決まっていれば、「この授業を受講したい」「この先生のゼミに入りたい」というところまで定まるはずです。

➡ 回答が長くなりすぎないように注意

具体的に答えることを求められているからといって、とる予定の授業を全部答えていたらキリがありません。どんなことを専門として学びたいのか、そのために必要な学習が何かなど、大まかな流れがわかれば十分です。

学習計画を立案するときのチェックリスト

✅ 自分の学びたい分野を明確にする

✅ 本を読んだり専門家に話を聞いたりして分野の基礎的な知識を身につける

✅ 大学のシラバスを読み、どんな授業があるか調べる

✅ 大学のホームページなどで教員の専攻分野や研究内容を調べる

✅ 自分の将来像に必要な学びの情報を集め、整理する

学習計画は文章や図解で志望理由書に書き込み、

要点を面接で話せるように準備しよう

POINT

☑ シラバスを読み込んで学びのイメージをふくらませよう！

☑ 学習計画は志望理由書に詳しく書こう！

志望理由の質問

なぜ他の大学ではなく本学なのか教えてください。

▶ 「その学校である理由」を言葉にしよう。

「他の大学でも○○は学べるのに、なぜ本学で学びたいのか」について、志望理由書に記してあったとしても、**本人の言葉で改めて答えさせることで、本気度合い**を問うことがあります。

・**大学の環境が自分の理想と重なるからです。**
・**自分が学習したい内容が学べるからです。**

などが答え方としては一般的です。学習したい内容については、例えば「経済学」のような大きなくくりでは、どの大学でも学べるのでは、と思われてしまいます。**より具体的な学習内容を答えて、その大学を志望している理由**として納得してもらえるようにしましょう。

▶ 学習内容だけでは差を付けにくい場合は？

学習したい内容や、学べる分野だけではその大学を志望している理由として独自のものにならない場合は、より細かい部分に着目しましょう。例えばその大学独自のカリキュラムや学外と連携したプログラムがある場合は、それを利用してこのような学び方をしたい、と答えられるように準備しておくことが大事です。

本学である理由を答えるとき

本学である理由は何ですか？

 ○○だからです

まずは自分の言葉で簡潔に答える！

準備ノート

Tips
他大学との違いをメモしておくと、具体的に答えられる

・独自のカリキュラムとして○○がある

・学外組織との連携がさかん…☆☆など

・大学周辺の環境…キャンパス内に素敵な△△

がある

Tips
キャンパスの気に入った場所の写真や印象のメモもしておくとよい

・◎◎という制度が活用できる

POINT
☑ その大学で学びたい理由をまとめておこう！
☑ 大学独自のカリキュラム・プログラムを調べておこう！

志望理由の質問

本学を目指したきっかけを教えてください。

✏️ **自分の研究したい分野と絡めて答えよう。**

　代表的な質問例は、

・**本学を目指したきっかけは？**

・**本学で学びたいと考えた動機は？**

など、「なぜその学校なのか？」という問いと重なる部分があります。**大学のカリキュラムや研究分野**などをしっかりと調べ、

　・**学習支援プログラムが充実しているからです。**

　・**研究したい学問の専門家がいるからです。**

などと答えられるようにしましょう。学習支援プログラムは具体的に答えるのがベターです。

✏️ **研究したい分野が決まっていなかったらどうしたらいい？**

　その大学に進みたいと考えた理由や、自分が興味を持っている分野をメモし、**大学のホームページで、どのような研究がなされていて、どういう形で社会活動、社会生活に貢献しているのかなどを丁寧に調べてみましょう**。その他にも、大学の環境や設備、在籍する学生の雰囲気など、自分がその大学で学びたいと思ったきっかけについて、答えを自分の言葉でまとめましょう。

本学を目指したきっかけは？

例 貴学は○○が充実しているからです

例 貴学には○○がいらっしゃるからです

きちんと答えられるように
準備ノートにまとめておこう！

準備ノート

大学のホームページで調べておく。

・学習支援プログラムについて

・研究したい学問の専門家がいるか

・環境、設備、制度について

・在籍する学生の雰囲気について 　　　　など……

POINT

☑ 研究したい分野と大学がマッチしているか答えよう！

☑ 設備などについても自分の言葉で答えられるとよい。

志望理由の質問

本学に期待することは？

✏➤入学したことでできるようになることを探そう。

代表的な質問例は、

・**本学にどのようなことを期待しているか？**

・**本学でどのようなことをしたいと考えているか？**

などです。この質問は前項の「なぜ本学なのか？」「本学を目指したきっかけは？」という問いと重なる部分があります。ですから、大学を調べるだけでなく、調べた上で自分の考えを話せるようにしておきましょう。

・**〇〇を学びたいので、海外で学ぶことも視野に入れています。貴学の海外留学制度を活用したいと考えています。**

・**〇〇を学び、社会に貢献したいと考えているため、企業と連携した研究を進めていることに魅力を感じました。自分も研究に加わり、多くの人の役に立ちたいと考えています。**

などと答えていきましょう。

➤ この問いで大切なことは？

将来の自分像や自分のやりたいことを、具体的に自分の言葉で話せるようにすることです。

本学に期待することは何ですか？

例 ○○を学びたいので、海外で学ぶことも視野に入れています。そのため、貴学の海外留学制度を活用したいと考えています。

Tips
留学や企業との連携など、大学が整えている制度を調べておく

自分の言葉で、自分の考えを話そう

将来、自分が実現したいことを考えて、
志望大学の制度を活用したいことを伝えよう。
なぜその制度がいいのかを考えておこう。

POINT
☑ 大学が整えている制度や、企業との連携を調べておこう！
☑ 大学の制度を活用したいと思う自分の考えをまとめておく。

自己ＰＲの質問

高校時代にがんばってきたことは？

✏ 取り組んできたことについての「評価」まで掘り下げよう。

　高校でがんばってきたこと、高校を含めそれまで取り組んできたことを面接官は知ろうとしています。どれぐらい努力でき、目的達成のために諦めずに取り組めるかを聞きたいのです。**具体的に何をしてきたのか**を話しましょう。ポイントは次の２つです。

・**何をどのように取り組んできたのか**
・**そこで感じたことや改善や工夫などの取り組み**

　失敗したことがあれば、それも踏まえた上で取り組みが**どのように評価できるのか**をまとめて伝えていくようにしましょう。

✏ がんばってきたことがないように思う場合はどうする？

　何もがんばったことがないように思う、という人もいると思いますが、一人ひとり、**自分なりに取り組んできたことは必ずあるはず**です。自分の歴史を振り返ってみましょう。部活動だけではなく、委員会、クラスの係などでの取り組み、地域活動などでもよいです。**自分が取り組んできたと思うことを思い出しながら、事実を具体的に書き出し、〇〇を工夫してきたという点まで掘り下げて**まとめておきましょう。

がんばったことを次のようなチャートで
まとめておこう！

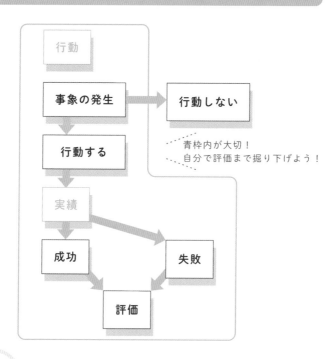

行動

| 事象の発生 | → | 行動しない |

青枠内が大切！
自分で評価まで掘り下げよう！

行動する

実績

成功　　失敗

評価

POINT

☑ 取り組みについて、改善や工夫も交えて答えられるよう
に！

☑ どのような評価をされたのかまでまとめておこう。

自己PRの質問

好きな or 嫌いな教科は何ですか？

➡ 理由をきちんと答えられるようにしよう。

　誰にでも好きな教科、嫌いな教科はあることでしょう。ポイントは、**好き・嫌いな理由を、自分の強み・弱みと絡めて明確に話す**ことです。

　好きな教科については、興味関心から将来やりたいと考えている分野の内容に繋げましょう。また、その教科が好きなことが、その分野において自分の強みの根拠となるようにまとめておきましょう。そうすることで質問に答えやすくなるでしょう。

➡ 嫌い・苦手な部分はどう改善を試みているかを話す！

　嫌い・苦手な教科について話すことは難しいことです。でも、嫌い・苦手だからと避けていては課題をクリアしていく力がないと判断されてしまいます。ですから、「〇〇の部分は苦手としていますが、△△という工夫をしています」などと、**できるように努力をし続けていることをアピール**しましょう。失敗したからこそ、失敗しないように改善していこうとしているという、積極的に向き合う姿勢を見せましょう。

好きな教科、嫌いな教科は
何ですか？

好きな教科は〇〇です。
理由は… ●———— 自分の強み
苦手な教科は〇〇です。
理由は… ●———— 自分の弱み

自分の強みと弱みを絡めて

・どのようにして克服したのか

・どのような努力をしたのか

　その姿勢をアピールする！

大切なのは
ココ！

POINT

☑ 強みと弱みを絡めて、好きな教科・嫌いな教科を話そう！

☑ 嫌い、苦手としている教科を克服する姿勢を見せよう！

自己PRの質問

長所と短所はどのようなところ？

➡ 長所と短所を探すところから始めよう！

　長所や短所は誰にでもあるものです。ただ、自分では長所は気づきにくく、短所は気づきやすい傾向にあります。まずは短所が出てしまった場面を考えてみましょう。短所が出てしまったのはなぜか？　を考えると、別の場面では**それがよい方向に作用していることに気づく**ことがあります。例えば「挑戦を避けてしまう」という短所であれば、別の場面では「慎重にものごとに対処する」という長所になります。

➡ 実体験をベースにしてストーリーにのせて話そう！

　長所も短所も抽象的なものですから、**実体験は事実をベースにして、面接官にイメージできるように**話しましょう。

　「失敗することを想像してしまい、新しいことに挑戦することに対して後ろ向きでした。しかし、文化祭の準備をするときに、事前に失敗が起こりそうなところを見つけ、みんなと共有することで円滑に準備を進めることができました。」というように、短所であっても前向きに伝えることを意識しましょう。

自分の長所・短所を答えるとき

自分の長所・短所って
何だろう？

長所と短所を
探すところから
始めよう

短所が出てしまった場面や行動を振り返る

どうして短所が出てしまったのか？
どんな場面だったのか？

短所は裏返せば、長所になることも！
短所：失敗を考えすぎて行動に移せない

長所：リスク管理がしっかりとできる

共感してもらえるようなストーリーに仕立てよう！

POINT

☑ 短所から探すことで、長所も見つけやすくなる。
☑ 共感してもらえるようなストーリーにのせて話そう！

自己PRの質問

最も関心を持っている時事問題は？

▷ 学びたいことと関連していることを挙げよう。

興味のある分野は何か、興味分野の情報収集をしているか、知識はあるかを問われています。

日頃から、自分の興味関心のある分野に対しての情報を集めて、「準備ノート」に書き込んでおきましょう。時事問題は最新だからよい、というわけではなく、**学ぼうとしていることとの関連の深さ**が大切です。

▷ 学びの方向性に沿うための時事問題を取り上げたい！

どのような分野を学びたいかによって、興味を持っている時事問題は、一人ひとり変わってくるものです。政治学を学ぼうとしているのなら、世界の政治形態についての情報を、新聞・ニュース・インターネットなどから集めてまとめておきましょう。情報源がしっかりしていることも大切です。そのうえで、「私は○○という時事問題に興味関心があります。自分が学ぼうとしているのは△△ということで、よりよい社会にしていくために、□□ということを学びたいです。」というように、自分の学びの方向性を具体的な内容にしていきましょう。

今最も関心を持っている
時事問題は何ですか？

私が、関心を持っているのは○○です。

準備ノートをもとに肉付けしよう

準備ノート
・世界の政治に興味がある⇨なぜ？
　　民主主義とは…
　　共産主義とは…
　　社会主義とは…

・20××年に起きたクーデターについて国民と国軍
　による衝突、それによって政権交代が起こった

　○○教授の講座を聴講したい
　△△という講義を聴講したい

POINT
☑ 学びの方向性に沿う時事問題を取り上げよう！
☑ 時事問題は最新であればよいのではなく、関連の深さが大
　切。

頻出度 ★★★

自己PRの質問

あなたが関心を持っている本は？

✏ 情報を集めているか、どう学んでいるかを聞く質問。

普段から読書をしているか、情報を集めているのかを確認する質問です。

自分の興味のある分野の本だけでもかまいません。大切なことは、**その本から何を学んだのか**、ということです。教科書に掲載されている教材以外の文学小説、高校で学んだ評論教材を書いた著者の他の本など、内容を理解し意見をまとめられる本を数冊選んでおくとよいでしょう。

✏ 本について、どのように答えたらいい？

その本から学んだことを軸に、**感じた印象、読む前と読んだ後の自分の考えの変化、自分の意見**を話しましょう。

今回は、高校の教科書に掲載されている『山月記』を例にお話しします。まずは、初読の感想、その後、登場人物像や登場人物の考え方、心情を追い、自分の考え方の変化をおさえ、学び得たことを、**準備ノートにまとめておきましょう**。

関心を持っている本について答えるとき

関心を持っている本は何ですか？

きっかけ

中島敦の『山月記』です。人間が虎になる、という内容に興味を持ち、手に取りました。

変化

初めは主人公の李徴を、自分勝手だと思ったのですが、読み進めるうちに、李徴の心の孤独を感じました。

意見

李徴は人と交わることなく、自分のプライドや臆病さによって、虎の姿になりました。臆病な心やプライドは誰にでもあるもので、それを失ってしまえば幸せになるのか、と言われるとそうではありません。なぜなら私は…と考えるからです。

最後にその本を読んで得た意見・学びをまとめましょう！

ダラダラ話すことがないよう、まとめておこう

POINT

☑ その本から、何が学べたのかが重要！

☑ 得た学びと感じた印象、考えの変化、自分の意見を話そう。

大学についての質問

建学の精神を知っていますか？

✏️ 建学の精神とは？

各大学には設立に目的があります。どのような人材を育てようとしているか、どのように社会貢献していくか、という目的をまとめた**各大学を表す言葉そのもの**です。**人間の育成**に関わるものが多く、特に、私立大学は独自の建学の精神に基づいて、個性豊かな教育を行い、多様な考えを持つ人間を育成していくために、独特なカリキュラムが組まれています。

✏️ アドミッションポリシーと建学の精神はセットで答える。

アドミッションポリシー（入学者受け入れの方針）と建学の精神（大学設立の際の理念）は、セットで聞かれることが多いです。p.62で説明した内容を踏まえて、**アドミッションポリシーや建学の精神と自分の考えを絡めた話**をしましょう。

例えば、「貴学の○○という建学の精神の△△に共感しました。その精神は、これから社会に出て、□□という場面において必要なものであると考えています。特に…」というような形に自分の考えを当てはめてひな型を作っておくと安心です。

建学の精神を問われたら

本学のアドミッションポリシーと
建学の精神を答えてください。

貴学のアドミッションポリシーは○○
です。……に共感して、貴学で…とい
う力をつけたいと考えています。また、
貴学の建学の精神は○○です。この精
神は、……。

Tips

この部分は、自分の考えをまとめて
伝えられるようにしておこう。

Tips

アドミッションポリシーの共感部分は大学
と自分の考えに合わせる。「〜力をつける」
という答え方でなくてもよい。

POINT

☑ 建学の精神とは、大学を表す言葉そのもの。

☑ 建学の精神と自分の考えを絡めて話そう！

大学についての質問

本学のポリシーと一致する部分は？

✏️ 自分の価値観と大学の価値観にズレがないように。

　長期間通う大学ですから、価値観が大きくずれてしまっていてはどこかでドロップアウトしてしまう可能性があります。ですから、**大学が持っている価値観のどのような部分が、自分の持っている価値観と似通っているのか**を自分の中で見つけておくことが大切です。なぜその制度がよかったのか、なぜその環境がよいと思ったのか、どのような学生が多くてよいと思ったのか、など、時間をかけて調査をしながら、「なぜ？」「なぜ？」と、自分への問いかけを繰り返してみましょう。そうすると、自然と大学のどのような部分が、自分の価値観、ポリシーと一致しているか考えられるようになります。

✏️ 何が大事なのか理解して話そう。

　価値観が完全に一致しなくてもかまいません。**その大学が何を大事にしているのかを理解していることがわかるように**話しましょう。
　「貴学が重んじている〇〇というポリシーが、私が大事にしている…」などと答えられるようになるといいですね。

大学のポリシーとの一致点を問われたら

本学のポリシーとどこがマッチしていると思いますか？

貴学が重んじている○○というポリシーが、私が大事にしている…。

Tips

…は自分の言葉で自分の考えを述べる部分！

時間をかけて志望大学について調べながら、「なぜ？」を繰り返し、答える練習を重ねよう。

・環境が魅力的→なぜその環境を好ましく思った？
・制度を活用したい→なぜその制度をよいと思った？
・このような学生が多い→なぜよいと思った？
　などと自問自答して、考えを深めておこう。

POINT
☑ 自分の価値観と大学の価値観で似通っている部分を話そう。
☑ 大学が重視していることを理解して話そう。

大学についての質問

入学後に参加したい活動は？

✏️ **興味ある活動と将来のキャリアを絡めて話そう。**

　大学は勉強する場ですから、粛々と勉強してよい成績をとることも重要ですが、社会に出ていくときには、勉強以外に大学時代に参加してきた活動も大切になってきます。仕事は実践ですから、勉強だけでは対応できないこともあります。ですから、**将来、どのようなことをしたいか、どのような仕事に就きたいと考えているかを踏まえて、興味のある活動**を話していきましょう。その大学がどのような活動をしているかを調べておいて、大学で勉強したことを生かした地域活動に参加したいと答えるパターンもあります。

✏️ **参加すべきプログラムと期待する学びを話そう。**

　その活動、プログラムに参加することで、どのようなことを学びたいか、どのような力を身につけたいかを話しましょう。たとえば、「高校受験のために無料で勉強の指導をする活動に参加することで、教育格差がどれぐらいあるのかをきちんと知りたい」など具体性を持たせたいですね。

入学後に参加したいプログラムや
活動はありますか？

貴学では〇〇という活動（プログラム）
があります。この活動に参加すること
で…。

Tips

〇〇や…は自分の言葉で述べる部分！

活動は、調べたなかで興味があるものを選び、将来のキャリアと
絡めた意見を答えよう。

活動やプログラムはきちんと調査！

キャリアに何が必要かも考えておく！

POINT

☑ 興味ある活動と将来のキャリアを絡めて話そう。

☑ 参加すべきプログラムとそこから期待する学びを話そう。

大学についての質問

入学したら履修したい授業は？

✏️ 自分が学びたいことをきちんと見つめよう。

　学びたいことについて、どのような授業があるのかを調べ、答えられるように事前に準備をしておくことが大事です。**大学での学びに沿うようにどの教授の授業を履修したいか**を話しましょう。面接では、どれぐらい本気で学ぶ意欲があるかを確かめられています。ですから、自分が学びたいと思っていることをきちんと見つめ、それが将来どのようなキャリアに繋がっていくのかを考えましょう。そして、自分がどういうことを学びたいので（どのような知識や力を身につけたいので）、○○教授の、△△という講義（授業・ゼミ）を履修したい、と答えられるようにしておきましょう。

✏️ 周辺知識を得られる授業も調べておこう。

　学びはいろいろな部分でつながっています。ですから、学びを制限しないように、**学んでいることの周辺知識を得られる授業も**調べておきましょう。その授業を履修することで、自分が軸としている学びをどのように支えられるかということや、自分の学びにおいて新しい視点が持てないだろうかという点まで掘り下げておけるとよりよいですね。

入学後に履修したい授業を問われたら

入学されたらどのような授業を
履修したいですか。

> 例 私は、将来、○○ということをし
> たいと考えています。そのために、
> ○○教授の△△という講座を履修し
> たいと考えています。

Tips
○○や△△は自分の言葉で述べる部分！

何を学んで、どういうふうに生かしていきたいかを考えよう。どのような授業があるのか、ホームページを調べたり先輩などから話を聞いたりして情報を集めよう。

学びたいことにつながる授業を調べておこう
▼
周辺知識を得られる授業も調べよう

POINT

☑ どの教授の授業を履修したいかを話そう。
☑ 学びたいことの周辺知識を得られる授業も挙げよう。

第 3 章

身だしなみや服装のNG

3章では、「身だしなみや服装」など、面接にのぞむ際の基本スタイルを紹介しています。書類の内容や、話す内容さえよければよい、というのは間違いです。面接についての取り組み方・姿勢を改めて見直し、準備を進めていきましょう。

面接を受けるときのスタイル

内面を磨いておけば大丈夫！

➡ 大きな加点を目指すよりもマイナスを減らそう！

　面接でどれだけがんばっても話しても、加点方式ではなく、減点方式で採点されることが多くなります。面接が、入学の意志があって試験を受けていることを前提とした、志望理由書の内容の確認、人物の調査という意味合いが大きいからです。しかし、とてもだらしない格好、いらだたせる話し方は、面接でどれだけいいことを述べたとしても、この人には入学してもらいたくないと思わせる印象を与えてしまう要素です。つまりマイナスのポイントとなってしまいます。

　どれだけ内面を磨いていても身だしなみやマナーがしっかりとしていないとマイナスになってしまいます。どれくらいマイナスを減らすことができるか、が大切です。

➡ マイナスがあると一気に減点される！

　受験生にとってはささいな点に思えることでも、**マイナスなポイントがあると一気に減点**されてしまいます。そのため、悪い印象を与えてしまわないように、最低限のマナーをしっかりと身につけておきましょう。

大事なのは中身！
中身がしっかりしているから、
どんな格好でも大丈夫！

大事なのは中身！
でも、受験という公式の場だし、
身だしなみを整えて行くことも
大事だよね

視覚情報からも判断される！

POINT

☑ 内面だけを見てもらえることはない！

☑ 話をしっかりと聞いてもらえる身だしなみ・振る舞いをしよう。

やりがち度 ❗❗❗ 危険度 ⚡⚡⚡

面接を受けるときのスタイル

身だしなみでは減点されない。

身だしなみを整える意味を考えよう！

　面接を受けるときには身だしなみを整えることが大切です。日常生活においても、身だしなみを整えてから学校に行ったり、仕事に行ったりするのは、一緒の空間にいる相手を不快な気持ちにさせないようにするためです。**人は視覚からも、人物における情報を得ようとしています**。面接も例外ではありません。入学してもらいたい学生を選んでいるわけですから、いつもより厳しく、視覚情報からジャッジが下されていると考えておきましょう。面接だとわかっているのに、だらしない格好で受験しにくる人物からは、勉強をしたいという意志ではなく、楽をして入学したいという考えが見えてしまいます。面接官が普段はだらしない人物なのかもしれないという印象を抱く可能性も高いです。

話を集中して聞いてもらおう。

　面接官の目が余計な部分にいかないようにすることも、身だしなみを整える目的の一つです。そうすることで、**話を集中して聞いてもらうこと**ができます。短すぎるスカートや、ボタンをはずしたシャツでは、話に集中してもらえません。

身だしなみの基本

服装

- □ シャツは白・無地
- □ 長袖
- □ ボタンは一番上まで閉じる
- □ ベルトはしっかりつける
- □ くつ・くつ下も派手なものは避ける
- □ くるぶし丈のくつ下は避ける

髪型

- □ 清潔感のある黒髪・短髪
- □ 派手な髪型は避ける
- □ ジェルなどの濡れ髪はNG

服装

- □ スカート丈は膝にかかる
- □ スーツは無地で黒が無難
- □ シャツは白
- □ 装飾のないシンプルなもの
- □ 袖丈にも注意！
- □ くつ・くつ下も派手なものは避ける
- □ くるぶし丈のくつ下は避ける

髪型

- □ 耳が見えるように
- □ 髪が顔にかぶらない
- □ 髪の毛を染めない

POINT

☑ 減点を減らすために、身だしなみを整えるのは基本！

☑ マイナスがあると一気に減点されるので注意しよう！

面接の流れ

話す内容がよければ 礼儀は気にしなくてよい。

✏️ 丁寧な印象を心がけよう！

　話す内容がよければよいという考えはNG。話す内容がしっかりしていることは、身だしなみを整えるのと同じくらい基本です！　立ち居振る舞いを雑にせず、**入室から退室まで丁寧な印象を与えられるように心がけましょう**。ドアは3回ノックしてから入り、背中を見せない、後ろ手で閉めない、着席の際は背もたれによりかからないように気をつけましょう。退室する際は、面接官にお礼を言い、ドアを閉めるときに背を向けず、**最後まで気を抜かないように**！

✏️ 控室から受験会場を出るまでが面接試験！

　控室で順番を待つときから、面接を終え退室するまでが試験だと考えましょう。次の5つのポイントに注意！

・・・
①だらしない姿勢・見た目の悪い態度で座らない。
②スマホはいじらない。
③周囲の人とみだりに話さない、大声をださない。
④腕を組んで座らない、足を組んで座らない。
⑤貧乏ゆすりはしない。

面接の流れ

控室

面接の流れは次の4つ！

入室

Tips
- ドアは3回ノックする。
- 「どうぞ」と言われてから入室する。
- ドアを閉めるときに背中を見せない。

面接

Tips
- 足は開き過ぎず、手は膝の上に。
- 背もたれによりかからない。

退室

Tips
- 面接官の顔を見てお礼を言う。
- 「失礼します」と言ってからドアを開ける。
- ドアを閉めるときに背中を見せない。

最後まで気を抜かないで！

POINT
- ☑ 立ち居振る舞いから丁寧な印象を持ってもらおう！
- ☑ 控室から会場の退室までが面接試験だと意識しておこう。

やりがち度 ! ! !　危険度 ⚡⚡⚡

答え方

話し方はあまり気に しなくてよい。

✏️ **まくしたてたり、早口で話したりするのはNG！**

　恥ずかしくても、話すべきことをまくしたてて早口で話してしまおうとしてはいけません。早口で話されると、何を話しているのかが、はっきり伝わらないことがあります。恥ずかしい、緊張するというのは受験生みんなが抱える問題です。自分なりに落ち着く方法を探しておきましょう。

✏️ **声のトーン、大きさ、話すテンポに注意しよう。**

　声のトーン（高さ）、大きさ、話すテンポ、発声の明瞭さに気をつけて話しましょう。**声は少し張り気味で、大きく**。ただし大声で、ということではありませんから、**適切な大きさを練習して身につけて**おきましょう。話すテンポが速く上ずっていると高ぶっている、感情的な印象になり、ゆっくり低く話すと論理的な印象になります。学校の授業で指名されて、発言をするときなどに、教室にいるクラスメイトが聞きとることができる大きさ、速さを意識して練習しておくとよいでしょう。

話し方のポイント

…ですか？

話し方 ▶

はい。私は……

Tips

・声は少し張り気味で大きく。
・速くも遅くもないテンポで答える。
・与えたい印象によって話し方を変えてもよい。

話し方のチェック項目

☐ 声のトーン（高低）

☐ 声の大きさ

☐ 話すテンポ

☐ 発声の明瞭さ

気になる項目があれば
練習しておこう！

POINT

☑ 話す内容が伝わるように、まくしたてて早口で話さない。
☑ 適切な声のトーン、大きさ、テンポで質問に答えよう！

24

やりがち度 ! ! !　　危険度 ⚡ ⚡ ⚡

答え方

考えるときは無言で集中する。

NG

▶ **何も答えないのはＮＧ！**

　練習してきた面接対策の中にはなかった質問がきて、適切な答えがわからなくても、**黙ってしまうのはＮＧ**です。完璧に答えようとして黙り込んでしまわないように気をつけましょう。予想外の質問がくることは、どのような場面でもあります。日常生活でもありますね。そのようなとき、人の思考は止まってしまいがちです。しかし、面接の場では思考を止めてしまわないように、何を問われているのかを考えて、落ち着いて自分のわかる範囲で答える練習をしておきましょう。

▶ **知らないことを聞かれたら？**

　知らないことを聞かれたら、「少々考えさせていただいてもよろしいでしょうか。」「少し、お時間をいただいてもよろしいでしょうか。」と言い、**時間をもらいましょう**。質問の内容をしっかりと考えて、自分が答えられる範囲で答えていくことが重要です。意表をついた質問は、あなたの対応力や柔軟性が見られています。落ち着いて前を向いて答えましょう。

予想外の質問がきた場合

…ですか？

答え方

少々考えさせていただいても
よろしいでしょうか。

Tips

・焦った様子は見せない。
・落ち着いた様子のままで、時間を
　もらえるように断りを入れよう。
・準備ノートを思い出してみる。

自分なりの考えを答えられるようにしておこう！

POINT

☑ 完璧な答えを目指して、黙り込んでしまわないように注意！

☑ 知らないことを聞かれたら時間をもらって考えよう。

25

答え方

話し始めに無駄な言葉をつける。

NG

✏️ 「あのー」「えっとー」はNG！

「あのー」「えっとー」などをひげ言葉と言います。**ひげ言葉はNG**です。話す前に、つい癖で「あのー」などを使ってしまう人は、使わない練習が必要です。同じく「わたしはー」「○○でー、▽▽と思ってー、」のように、**言葉と言葉の間をのばして話すのもNG**です。自分の話し方を周囲の人に聞いてもらい、上記のような癖があると指摘されたら、日常の会話においても、使わないように意識していきましょう。聞いてもらう人は、「この子の話し方はこうだったな」という先入観のない学校の先生や塾の先生などがよいでしょう。

✏️ どのように話し始めたらいいの？

どのように話し始めたらよいのか悩んでしまう人は、まずは質問されたら、**「はい。」と言ってから質問に対する答えを話し始める**ように意識しましょう。そして、**質問に対する結論を最初に持ってくる**ようにしましょう。よく出る質問は対策をしてひげ言葉が出ないようにしておき、何よりも、**聞く側の気持ちよさ**を意識することが大事です。

話し始めのポイント

…ですか？

答え方

×

あのー、えっとー、
私はー、

・言葉をのばす
・ひげ言葉を使う

○

はい。私は、……
はい。貴校を志望……

Tips

・返事をしてから話し始める
・結論を先に言う

だらしない喋り方に聞こえないように注意！

POINT

☑ ひげ言葉はNG！

☑ 「はい」と答えてから話し始めていこう。

やりがち度 **❶❶❶**　危険度 **⚡⚡⚡**

答え方

どこを見て話すか 考えていない

NG

➡ どこを見て話したらいいの？

　きょろきょろしたり、目線が定まっていなかったりするのは答えていることに自信がないように見えるのでNGです。**目線を定める**ように心がけましょう。面接官が複数いるときは、質問者を見て答えましょう。余裕があれば、面接官を交互に見るようにするとよいでしょう。また、話すときは、相手の眉間を見るようにしましょう。目線が定まり、話しやすくなります。

➡ 表情、手の動きなどにも注意！

　面接では、体や口の動き、表情にも気を配る必要があります。体をゆらゆら前後に動かしてしまうことや、貧乏ゆすりはNG！口を開きっぱなしにしたり、唇をかんだり、緊張で乾いてしまう唇を舌でなめたりしがちですが、これもNGです。答えを考えるときに斜め上を見ることもNGです。瞬きが多すぎるのもよい印象を与えないので、ドライアイの人は目薬をさすなどして対策をしておきましょう。緊張したときには無意識に癖が出てしまいがちです。意識して面接の邪魔にならないようにすることが大切です。

目線を定めよう

目線

Tips
・質問者を見る。
・相手の眉間を見る。
・余裕があれば、複数の面接官を
　交互に見る。

✕
・体をゆらす／貧乏ゆすりを
　する。
・口を開きっぱなしにする。
・唇を噛む／唇をなめる。
・斜め上を見る。

POINT
☑ 目線を定めて話をしよう。どこを見るか決めておくと◯。
☑ 表情、体の動き、手の動きにも注意！

27

答え方

礼儀やマナーを軽視する。

➡ 礼儀・マナーでの減点を避けよう。

　相手に「あなたに入学してもらいたい」と思ってもらうためにはどうしたらよいのか？　を考えましょう。面接での評価は加点方式ではなく、減点方式になりがちなだけでなく、マイナスポイントがあると一気に減点をされる可能性があります。基本的なマナーはきちんと身につけて面接にのぞみましょう。**入室退室時の礼や挨拶は欠かしてはいけません！**

➡「入学してもらいたい」と思ってもらうためには。

　礼や挨拶は常識と考え、相手を敬い、話し方にも気をつけましょう。過剰にへりくだる必要はありませんが、**正しい敬語**で話すことも大切です。入学してもらいたいと思ってもらうためには、**マナー、気遣い、敬いの気持ち**を意識して、面接にのぞみましょう。

　荷物を持って入るなど、イレギュラーな入退室や雰囲気である場合があっても、基本的な礼節を守ることや、敬語が使えるかどうかの基準は変わりません。フォーマルな受け答えをしましょう。

礼儀やマナーは大切

あなたの長所は
何ですか？

答え方

○○っすね。

大げさに答える

私の長所は○○です。

Tips
真摯に答える

入学してもらいたいと思ってもらえる生徒は どちらでしょう？

POINT

☑ 入退室の礼と挨拶は欠かさない。

☑ 気遣い、敬いの気持ちを忘れず正しい敬語で話そう！

28

やりがち度 **！！！**　危険度 ⚡⚡⚡

答え方

知ったかぶりで答える。

➤　　　**自分のわかる範囲で答えよう！**

　わからない質問が来た場合、知ったかぶりをしてでも答えたほうがよいという考えはNGです。ただし「わかりません」と正直に答えすぎても、あなたの人となりを知ってもらうことはできません。知ったかぶりをせず、自分が知っている範囲、考えることができる範囲で答えられることを答えましょう。**知識が不十分なことがらについての質問に対しては、**「〜ということは知っています。」「考えたことはありますが、自分の中で結論は出ていません。」という**答えの形を用意しておくことも一つの方法**です。

➤　　　**真摯な姿勢で答えよう！**

　難しい質問にも答えられるように、対策ができる部分はきちんとしておきたいですね。時事問題などで気になるもの、学部のカリキュラムで疑問に思っていること、学びたい教授の研究対象などは準備ノートにまとめておきましょう。わからない質問がきた場合でも、わからないなりに情報を正しくつなげて、**真摯な姿勢で答えられるように準備しておきましょう。**

知らないことを聞かれたら

…ですか？

答え方

（よく知らないけど…）
○○が△△で〜

自分をよく見せようとする

わからないな…

完全に黙ってしまうのはダメ！

○○と聞いたことは
ありますが、まだ不勉強な
部分があります。

Tips
誠実に答える

どのような態度に、真摯な姿勢で答えている
印象を受けるかな？

POINT

☑ 知ったかぶりは面接官に見破られるのでNG！

☑ できる対策はしておき、真摯な姿勢で答えよう！

第 4 章

集団討論・
グループディスカッションの NG

4章では、「集団面接や集団討論（グループディスカッション）」の基本を紹介しています。「集団面接」と「集団討論」の違いや、「集団討論」がどのような流れで行われているのか、丁寧に解説しています。特に「集団討論」は、全体像をあらかじめ理解しておくことが重要です。しっかり読み進めましょう。

29

やりがち度

危険度

集団討論（グループディスカッション）の概要

討論と面接を同じものと思う。

NG

集団討論と集団面接は別のもの！

集団面接は個人面接をまとめて行うイメージです。面接官に対して、一列に並び着席します。そして質問に対して順番に回答していきます。他の人と答えが被らないように気をつけましょう。

集団討論は、ある議題に対して、集団で意見を交わすものです。面接官は、どのように討論が進んでいくか、それぞれがどのような意見を述べるのかなどを見ています。

評価されるポイントの違いは？

集団面接では他の人と比べてどのような意見を述べるのかが見られています。同じようなことを考えていた場合、**具体例を入れるなどしてオリジナルの回答になるように用意**しておきましょう。ただし、**差別化だけを考えないように**する必要はあります。

集団討論（グループディスカッション）は、**議題に対して、きちんと自分の意見を適切なタイミングで述べること**が大切です。討論ですから、**初めて会う人たちとうまくコミュニケーションをとり、協調しつつも他者と意見を交わし合うこと**が大切です。そのために必要な**論理的思考力**が見られると考えておくとよいでしょう。

集団面接と集団討論の違い

集団面接

- ☐ 受け答えは普通の面接と同じように面接官と1対1

- ☐ 他の人と意見がかぶったときのためにオリジナルのエピソードなどを準備しておく

集団討論

- ☐ 面接官との1対1の受け答えはなく、討論の進み方が見られている

- ☐ 討論のための論理的思考力が必要

- ☐ どのように討論に関わっているかを見られている
  - 例 発言のしかた
  　　発言のタイミング

POINT

- ☑ 集団面接は、個人面接をまとめて行うイメージ。

- ☑ 集団討論では意見を言うための論理的思考力が見られる。

109

集団討論は対策しなくてもよい。

➡️ 集団討論は「主体性」を重視する入試傾向にぴったり。

　総合型選抜での選考は、**単純な学力以外の能力を持ち、主体的に学んでいける人物**を求めている傾向があります。そのため、論理的に思考ができるかということや、主体的に議論に参加できるかを見ることができる集団討論を課す大学が多くあります。面接官は、決められた時間内に誰がどんな役割をし、グループとして議論の方向をどのようにもっていくか、どのようにまとめていくかを見て、採点しています。対策をしなければ身につけることができない能力が見られています。

➡️ どんな議題があるの？

　近年話題になっていることについて、受験生が自分なりの考えを持っているかどうかを見るために議題を設定することがあります。また、学部に即した議題が設定されることも多くなっているので、過去の議題や時事問題について必ず調べておきましょう。

【議題の例】

　医学部系……感染症・公衆衛生について、再生医療の是非

　教育学部系……ICT教材について、アクティブラーニングについて

集団討論の特徴

個人面接・集団面接

☐ 当日にならないと質問内容がわからない部分もあるが、1対1の受け答えなので事前の準備がしやすい

☐ 自分から発言をする機会は少ない

集団討論（グループディスカッション）

☐ 当日までに議題が発表されることもあるが、他の人と意見のやりとりをすることになるので事前準備がしにくい

☐ 自分から発言、まとめをする必要がある

単純な学力でない部分や主体性が見られている！

〈集団面接〉

〈集団討論〉

POINT

☑ 集団討論は論理的な考え方や主体性が見られている。

☑ 過去の集団討論の議題を調べて、ある程度事前の対策を！

31

やりがち度 ● ● ●　危険度 ⚡ ⚡ ⚡

集団討論（グループディスカッション）の概要

流れを知らずに討論にのぞむ。

✏ 集団討論の流れを確認しておこう。

　集団討論は4〜7人で行われることが多く、複数のチームで行う場合もあります。はじめに**面接官から討論する議題・テーマが提示**されます。役割分担やテーマの整理、どのような視点で討論するかをまとめる必要があります。また、討論のあとに、話し合った結果を発表することもあります。**集団討論には制限時間が設けられているので、円滑に進行すること**が大切です。

✏ 役割分担は指示される？

　基本的には、司会（ファシリテーター）・書記・タイムキーパーの3つの役割があります。このうちタイムキーパーは他の役割と兼任することもあります。討論をする時間が減らないようにするため、**役割は時間をかけずに決めていきましょう**。

【3つの役割】
・司会……議題を整理したり、他の人に発言を促したりする
・書記……出てきた意見を書きとめ、意見や論点をまとめる
・タイムキーパー……意見をまとめるために時間を管理する

集団討論の流れ

①面接官から議題を聞く

②討論の時間を減らさないように、役割分担を手短に決める

③討論を始める

注）結論を発表するケースも考えて、意見がまとまるように
　　討論を進める

POINT

☑ 集団討論は4〜7人で、テーマをもとに話し合う。

☑ 役割分担は、手短に決めることが大切。

集団討論の目的を知らない。

▶ 集団討論では「学ぶ姿勢」を見られている。

　集団討論を課す大学は**入学後にゼミや授業でしっかりと仲間と協力しながら研究を進めていける学生**を求めています。初めて会う人とどのように接することができるか、上手く協力して討論を進めていけるかが大切です。話し上手であることも必要ですが、大切なのは議題に対して、**他者と協力して討論を進め、議題に対して論理的に考えることができているか**です。その上で、学問に関する基礎知識や一般常識を持った学生を見極めようとしています。

▶ 注意点はどこ？

　集団討論で見られているのは、次の点です。

- ・学部や世の中についての基礎知識を持っているか
- ・提示されたテーマで協力して討論を進め、課題や問題点を発見し討論を進めることができるか
- ・自分の意見は、きちんと根拠があるものか

　まずは、学部や世の中についての基礎知識をまとめ、そこから情報を集めていきましょう。

面接官はゼミや授業でしっかりと仲間と協力して
研究していける学生を見極めようとしている

・学部に関する知識、一般常識を持っているか？
・初めて会う人と円滑に討論を進めているか？
・テーマに対して論理的に考えているか？

POINT

☑ 集団討論では協調性や論理的思考が見られている！

☑ 学部に関係することについての基礎知識が必要。

33

集団討論（グループディスカッション）の概要

司会・進行役が一番評価される　NG

✏ 引き受けた役で評価が変わることはない。

　率先して役を引き受けることは確かに重要ですが、ただ役をすればいいわけではありません。**その役割に求められている仕事をすること**が大切です。例えば、司会を引き受けたのであれば、他のメンバーが意見を言えるように、発言をうながすことができていなければいけません。どの役割についたとしても、また役割につかなかったとしても、**討論が円滑に進むように気を配っていく**必要があります。

✏ 他にどのような役割があるの？

　書記は、各発言者の意見のメモをとり、**司会と連携して討論をまとめの方向へ導く補佐をする**必要があります。また、タイムキーパーを司会・書記とは別に置いて、**議論の進行を時間的に管理する役を任せる**こともあります。

　役割につかなかった場合は、司会に応じて自分の意見を言う、書記のまとめた内容について誤りがないか考えるなど、**討論を行う主要なメンバー**として、話し合いを行うようにしましょう。

集団討論での役割とは

タイムキーパー
- 討論の時間を管理する
- 討論の流れをコントロールする

書記
- 発言者の意見のメモをとる
- 討論をまとめの方向へ導く補佐をする

・テーマ「○○～」

司会
- 討論が円滑に進むようにする
- 全員が発言できるように気を配る

- 自分の意見を発表する
- 出てきた意見に対して検討をする

役割ではなく、どのように参加するのかが重要

POINT

☑ 積極的に役を引き受けることは重要。

☑ 役を引き受けたら、役にふさわしい仕事をしよう。

117

集団討論（グループディスカッション）の発言内容

自分の意見を主張すればよい。

自分の意見を述べるのは大切。

自分の意見を述べるのは大切です。静かに座って、意見を言わないのは意見がないと判断されます。**テーマに対しての自分の意見は、必ず述べるように心がけましょう。** しかし、他の人の意見を聞くこともちろん大切ですから、意見を述べるときは、他の人が発言している途中ではなく、発言し終わってからにしましょう。司会は、全員が発言できる機会を設けられるように討論を進めていく配慮が必要です。

何が見られているの？

きちんと自身の意見を論理的に述べているか、意見の根拠がしっかりとしているかを見られているのは確かです。しかし、集団討論ですから、他者の意見をどのような態度で聞いているのか、初めて会う人と上手くコミュニケーションをとることができているか、という**人に対する接し方、人とのコミュニケーションのとり方**も見られていると考えましょう。自分の意見を主張するだけでは、討論をしているとはいえません。

自分の意見を主張するときのポイント

❌ 自分の意見を言い続ける

「私は…。私は…。」と自己主張をし過ぎるのは NG

❌ 話が飛躍し続ける

論理的に意見を述べられないのはNG

⭕ 発言者を見て、うなずきながら意見を聞く

他の人の意見をちゃんと聞いて議論を進める姿勢を見せる

⭕ お互いに意見を出し合う

反対意見も落ち着いて聞く＆言う

POINT

☑ テーマに即した自分の意見は必ず発言しよう。

☑ 聞く姿勢、コミュニケーションのとり方も見られている。

35

やりがち度 ❗❗❗ 危険度 ⚡⚡⚡

集団討論（グループディスカッション）の発言内容

相手を論破すればよい。

➡ 相手を否定したり、論破したりすることは不要。

　集団討論は、与えられたテーマについて討論をする場、意見を交わす場です。相手を否定したり、相手を論破したりする必要はありません。あくまでも意見を交わす場ですから、他者の意見を聞き、その意見を認めつつも自分の考えていることを述べるようにしましょう。相手が発言した内容が納得できない、ずれているのではないかと考えたら、「○○さんの意見の△△の部分に、私は賛成です（私も同じように考えます）。ただ、□□は少しテーマから外れるので、焦点を絞って討論を進めませんか。」などと発言しましょう。

➡ チームの評価を意識しよう。

　自分さえよければよい、個人でがんばればよいと考えず、グループを１つのチームととらえて**チームの評価**を考えましょう。面接官は個人の意見だけを聞いているわけではありません。チームで上手にコミュニケーションをとり、円滑に討論を進め、**チームみんなで合格を勝ちとるつもり**でのぞむことが大切です。

集団討論はチームワークが重要

集団討論は意見を交わし、よりよい意見を作る場

NG ポイント

相手を否定・論破して自分の意見を押し通す

評価ポイント

グループ内でよりよい意見を出すために協力できている

POINT

☑ 相手を否定したり、論破したりしない。

☑ チームでの評価を意識しよう！

36

やりがち度

危険度

集団討論（グループディスカッション）の発言内容

討論が盛り上がれば評価される。

➡ **集団討論は、あくまでも試験です！**

　討論が盛り上がり、活発な話し合いができれば評価されるという考えはNGです。 あくまでも集団討論も試験です。コミュニケーションをうまくとることは大切ですが、**試験の場であることは常に意識**しておきましょう。盛り上がっているときでも、討論が正しい方向に向かっているか、**適切な話し方や振る舞い方ができているか**を忘れないようにしましょう。逆に、討論が盛り上がらなくても、議題に合った意見をきちんとまとめられれば評価されます。

➡ **グループの盛り上がりだけではなく個人の評価を意識する。**

　集団討論ですから、グループの評価を意識する必要があります。ただし、試験なのですから、**入学してもらいたい人物を選考しています。** そのため、**個人も同時に評価されている**ことも忘れてはいけません。集団討論を円滑に進めることや、グループで討論を盛り上げることだけに気をとられ、自分が評価されていることを忘れてはなりません。自身の意見を根拠とともにきちんと述べることを忘れずに、討論に参加しましょう。

・チームでの評価＋**個人の評価**
・入学してもらいたい人物は誰かな？

NG ポイント

討論が盛り上がりすぎることで……

・討論がずれた方向に向かう
・適切な話し方、振る舞い方ではなくなる

選ばれている意識を忘れない

話し合いの盛り上がりに乗じて調子にのらない

POINT

☑ **討論が盛り上がれば評価してもらえるわけではない。**

☑ **試験の場なので、個人が評価されていることを忘れずに。**

37 集団討論（グループディスカッション）の発言内容

とにかくアイデアを 出せばよい。

➡ アイデアがテーマに即していなければ意味ナシ！

　集団討論の場は、雑談の場ではありません。テーマについての見解や、与えられた問題についての解決策を求められた場合でも、とりあえずアイデアを出せばよいというものではありません。そのアイデアが、本当にテーマに沿っているものかが重要です。アイデアに具体性が加わればもっと評価が高まりますから、そのアイデアがどのような場面で役に立つかなどをきちんと説明できるところまで考えましょう。

➡ みんなの意見を集約しよう。

　与えられたテーマに対する討論が進み、結論が見えてきたら、参加者の意見をまとめていきましょう。目安として残り２分から３分は、まとめる時間とするのがよいです。これまで**意見をまとめていた書記が書き出した意見をもとにまとめましょう**。そして、結論や意見のまとめを発表することが求められたら、司会や書記が、「○○の課題について、△△の視点から考え、□□という結論に至りました。」などと、発表すべきことをわかりやすく伝えましょう。

意見集約の流れ

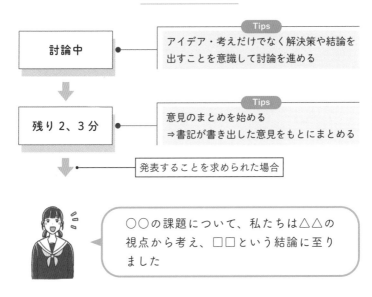

| 討論中 | **Tips**
アイデア・考えだけでなく解決策や結論を出すことを意識して討論を進める |

| 残り2、3分 | **Tips**
意見のまとめを始める
⇒書記が書き出した意見をもとにまとめる |

発表することを求められた場合

○○の課題について、私たちは△△の視点から考え、□□という結論に至りました

○○の課題について、私たちは△△の視点から考えましたが、□□という点について合意はしましたが、きちんとした結論は出ていません

討論を見られているのだから誠実に答えよう

POINT

☑ 集団討論の場は、雑談の場ではないことを意識する。

☑ 集団討論におけるみんなの意見を集約しよう！

38

やりがち度 ❗❗❗ 危険度 ⚡⚡⚡

集団討論（グループディスカッション）の発言内容

他の人と同じ意見なので発言しない。

✏️ **他の人と意見が同じ場合、その意見を補強しよう。**

テーマについて他の人と同じことを考えていて、先に発言されてしまった場合、意見を言わないままですませてしまうケースがありますが、**意見を言わない、自身の考えを発言しない＝意見がない**、と判断されてしまいます。他者と同じ内容であったとしても、「私も、△△という点から○○さんと同じ考えを持っています。」などと**自分の言葉で、意見を補強するような発言**をしましょう。

✏️ **討論の場に参加して、意見を述べよう。**

討論が盛り上がったり、自分と同じ意見を述べる人がいたりすると、上記のように意見を言わずにすませてしまったり、相づちをうったりするだけでその場を流してしまいがちです。しかし、集団討論は試験ですから、必ず**討論の場に参加しましょう**。同じ考えであっても、**具体例を入れるなどしてオリジナルの意見にする、相手の意見を認める発言をしたあとに、違う具体例を使って意見を補強する内容を発言する**などして、自分の意見をきちんと述べていきましょう。

自分と同じ意見を先に言われてしまったとき

私は○○だと考えます。

私と同じ意見だ。どうしよう。黙っていたほうがいいのかな。何か言わなくちゃいけないかな。

同じ内容であっても、自分の言葉で、意見を述べよう

私も○○さんと同じ意見です。

私も△△という点から同じ考えを持っています。

討論に参加している
姿勢を示そう！

POINT

☑ 他の人と同じ意見であっても自分の言葉で意見を述べよう。

☑ 討論の場に参加し、必ず一度は意見を発表しよう！

集団討論(グループディスカッション)の発言内容

討論が進まないのを他人のせいにする。

NG

▶ 司会や書記がうまく進めてくれないときには。

　集団討論の司会・書記がうまく討論を進めてくれない場合、役を引き受けていない人は焦ってしまいます。しかし、役を引き受けていなくても、討論の進行に関われないわけではありません。**フォロワー（他のメンバーに働きかけ、補助や支援をする人）として振る舞う**ようにしましょう。他の人の意見を受けて、「それもいい考えですね。私は○○と考えています。△△さんはどのように考えていますか。」などと**相手の意見を受け入れつつ自分の意見を述べ、他者に意見を聞いていく**ようにするなどの工夫をしていきましょう。他の人が中々意見を発表しないときには、自分から率先して発言し、他の人に意見を聞いてみるとよいでしょう。

▶ 討論は最後まで諦めずにがんばろう。

　討論がうまく進まないと、「運が悪かった」「諦めよう」と思う人もいるかもしれませんが、**最後まで諦めずに討論を進めましょう。フォロワーとして振る舞えば、面接官に評価してもらえます。**討論が円滑に進むように、自分のベストを尽くしましょう。

討論がうまく進んでいないな。どうしたらいいのかな。司会でもないからでしゃばらないほうがいいのかな。

自分の役割ではないかもしれないけど討論が進むように工夫しよう

相手の意見を否定せず、討論を進めよう

それもいい考えですね。私は○○と考えています。△△さんはどのように考えていますか?

POINT

☑ 討論がうまく進まない場合、フォロワーとして振る舞おう!

☑ 相手を承認しつつ自分の意見を述べ、他者に意見を振ってみよう。

☑ 討論は最後まで諦めずに、ベストを尽くそう!

議論に自信があるので練習はいらない。 NG

✏ グループでの議論は、グループとしての結論を出す場。

　自分の意見を主張することに自信があったり、人と意見を戦わせることに慣れていたりすると、議論の練習をしなくても大丈夫と勘違いしてしまいがちです。グループディスカッションの目的は出された「課題」に対して自分の意見を述べることではなく、グループで意見をまとめることです。「課題」に対して、すぐに結論を出そうとして、自分の意見だけを言おうとすると、結局結論が出ないまま、ということもありえます。グループでの意見をまとめるために、まずはみんなでアイデアを出し合い、答えとしてふさわしいものを検討して絞り込んでいく方法がおすすめです。

✏ 自信があるからこそ、ミスに気がつかないことも。

　議論に自信があるからこそ、自分の意見をまとめたことに安心して、課題からずれた結論を出してしまうことがあります。何について議論をしているのか、何についての結論を出す必要があるのかを常に確認しながら議論をする必要があります。そのためにも議論の練習をしておくことが大切です。

グループとしての結論をまとめる流れ

「課題」は○○です

↓

・どのような方向で話し合いを進めるのか決める
・「課題」の切り込み点を決める

↓

グループ内でアイデア・意見を出しあう

・自分だけ主張を通す
・人にまかせっぱなし
・同調するだけ
・反対するだけ

✕

意見がわれた場合 → メリット・デメリットを考え、意見を出し合う

全員の意見が一致した場合 → 反対意見のメリットや反対意見が正しい場合を考える

↓

グループとしての結論をまとめる！

POINT
☑ グループ内で意見を出し合い、結論をまとめよう！
☑ 課題からずれた議論になっていないか常に確認しよう！

第 **5** 章

プレゼンテーションの
NG

5章では、「プレゼンテーション」の基本を紹介しています。「資料の作成方法」や「説明をするときの姿勢」などを丁寧に解説しています。

プレゼンテーションのことを知らない。

➡ そもそもプレゼンテーションとは？

　プレゼンテーション（プレゼン）とは、**テーマや企画を効果的に説明するための手法**です。他の人に対して、自分が何をどのように考えているかを伝えるために、パソコンのスライドや発表用のポスターを使いながら説明をします。ただ自分の意見や考えを聞いてもらうだけでなく、聞いてもらったうえで聞く人（面接官）に「なるほど！」と納得してもらえるのが理想です。プレゼンの詳しい形式は、大学から発表されるので、きちんと確認をして準備をする必要があります。

➡ 与えられたテーマについてプレゼンする。

　大学からプレゼンの形式と一緒にテーマが伝えられます。その場で準備をしてプレゼンをする場合もあれば、事前に資料を作成してプレゼンを行う場合もあります。事前に資料を作成する場合、テーマに対して主体的に調査や考察をし、その内容を他の人に伝える力も見られます。自分の学習計画から社会問題まで、**テーマは多岐にわたるので、情報をしっかりと集めて、うまく工夫しながら資料をまとめていく**ようにしましょう。

プレゼンテーションとは？

もともとプレゼンテーションとはビジネスの世界で使われている言葉で、自分の考えをスライドなども使って視覚的にも訴えながら伝えるための技法のこと。

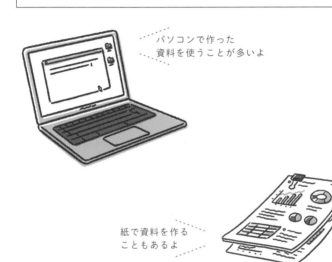

パソコンで作った
資料を使うことが多いよ

紙で資料を作る
こともあるよ

相手に自分の考えを説明して、納得してもらう
すなわち相手を説得することが重要

POINT

☑ プレゼンとは、自分の考えを効果的に説明する技法のこと。

☑ 発表されるテーマに沿って自分の考えをまとめよう！

プレゼンテーションを重要視しない。

プレゼンテーションも試験です！

総合型選抜のプレゼンテーションは、小論文や面接のように合否が判断される材料、つまり試験です。形だけのプレゼンでは、合格は望めません。面接対策と同じように対策をしっかりしていくことが大切です。プレゼンでどのような点が見られているのかを次のページで確認し、大きな減点をされないように気をつけましょう。また、プレゼンを見ることで、その受験生の、情報を調べてまとめたり、考えたりする力とともに、人前で意見を言う力などをはかることができます。そのため今後プレゼンテーション試験を課す学校は増える可能性があります。

プレゼンテーションを課している大学・学部は？

近年では難関大学に限らず、私立大学でも国公立大学でも実施されることが多くなってきています。課される学部も様々で、**学部の傾向があるとはいえません**。総合型選抜入試を考えたら、すぐに大学の募集要項をきちんと調べて、プレゼンテーション試験があるかどうかの確認をしましょう。

プレゼンテーションの主な採点の観点

Tips
調べている内容・発表している内容は正しいか

Tips
聞いている人を見て発表できているか

Tips
人に伝わりやすい資料が作れているか

Tips
発表中の態度はその場にふさわしいものか

POINT

☑ プレゼンも、小論文や面接と同様に合否判定の材料。

☑ プレゼンを課す入試は増加中なので入試要項をチェック。

43

やりがち度

危険度

プレゼンテーションの概要

ポイントを知らずに プレゼンにのぞむ。 NG

> **相手に伝える力が重要なポイント！**

　プレゼンで見られるのは何よりもまず、**自分の考えを相手にわかりやすく伝える力があるか**、ということです。自分の考えを相手にわかりやすく伝えるためには、説明する内容を論理的にまとめる能力が必要です。また、効果的に伝えるための資料を考え、準備することも重要です。話す内容はもちろん、話し方や話しているときの態度が「聞いている人に自分の意見を説明・説得」するときにふさわしいものかも見られます。**結論をわかりやすく論理的にまとめられているか、視覚的にわかりやすい資料を作成できているかどうか**を意識するとよいでしょう。

> **自分の考えをアウトプットし、相手に伝える。**

　プレゼンテーションは自分の考えをアウトプットして、相手に伝えるものです。**与えられている課題の内容を確認し、何を最初に伝えるべきか**を考えましょう。**面接と同じで、結論を先に述べ、あとから理由や根拠を伝えていきましょう。**

プレゼンで自分の考えをまとめる流れ

課題が与えられる

↓

- 与えられた課題の内容を確認する
- 構成を考える・考えたことをメモする
- 話す内容をメモする

↓

- 何を最初に伝えると効果的なのかを考える
- 相手にわかりやすく伝える方法を考える

↓

- 最初に結論を述べられるような構成にする
- 資料を作成する
- 論理的思考に基づき、伝える内容を文章化する

制限時間も考慮しよう！

結論をわかりやすく伝えよう！
見てわかる資料を作ろう！

POINT

☑ 相手に伝える力＝資料作成能力、論理的思考が見られる。
☑ 自分の考えをアウトプットして、効果的に相手に伝えよう！

44

やりがち度 ❗❗❗ 危険度 ⚡⚡⚡

プレゼンテーションの概要

独創性さえあればよい。

➡ 独創性だけで勝負できるわけではありません！

　自分の考えるテーマや考えに独創性（オリジナリティ）があることはよいことですが、**それだけで勝負できるわけではありません**。それが実現可能なのか、現実的な話になるのか、という視点を忘れてはいけません。大切なのは論理的な内容になっているか、わかりやすい伝え方になっているかです。他の人との差別化だけを考えすぎないようにしましょう。

➡ 独創性ではなく、振る舞いで差をつける！

　例えばメモや台本など**カンペを作成し、棒読みをするだけでは、いくら内容がよくても評価はしてもらいにくくなります**。相手に聞いてもらえる話し方、そして自分の表情にも注意をしましょう。なるべく試験官の表情を見ながら話すことも心がけるとよいでしょう。複数の面接官がいる場合はまんべんなく目線を送る練習をしておきましょう。おおげさなジェスチャーは必要ありませんが、スライドに注意を向けさせるために指し示すなど、効果的な動きを考えておくのもプレゼンの練習といえるでしょう。

表情やしぐさで考えを伝えよう

・わかりづらい資料になっている
・ペラペラ話しているけれど
　面接官の表情を見ていない

**独創性や目立つことだけ
では合格できません**

・メモを棒読み
・メモに気をとられて、下ばかり
　向いている

**内容がよくても相手に伝わら
なければ意味がありません**

Tips

・笑顔で話す
・面接官一人一人に目線を送る
・スライドを適宜指し示す

**相手に意見を伝える意思を
見せる姿勢が大事！**

POINT

☑ **独創性だけで勝負できるわけではない！**

☑ **カンペを見ながら話す、棒読みのプレゼンは NG ！**

なんとなく資料を作る。

➡ 「ワンスライドワンメッセージ」が基本！

プレゼンテーション用の資料では、一つのスライドで伝えるメッセージは一つにしましょう。言いたいことを詰め込み過ぎると、相手はどこを見たらいいのかわからなくなってしまいます。書いてあることを上から追って見ていくのであれば、印刷されたものを読むのと変わりません。重要な一つのフレーズやグラフ、イラストなど、見て理解の助けになるものをスライドにして、そのスライドを利用して自分の意見を伝えることを意識しましょう。あくまでスライドは、意見を説明するときの補助です。一つのスライドで全部説明しようと思ってはいけません。

➡ デザインのポイント3つを確認しよう！

プレゼンの資料は見やすさが重要です。決められた時間内で、効果的なプレゼンをするためには資料の**デザインの仕方も大切**です。よいデザインのポイントは3つあります。
①文字の量（大きさ）、②レイアウト、③配色バランス
の3つに注意を払いましょう。

「ワンスライドワンメッセージ」を心がける

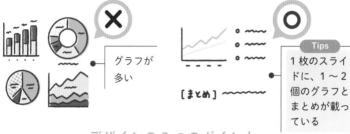

グラフが
多い

Tips
1枚のスライ
ドに、1〜2
個のグラフと
まとめが載っ
ている

[まとめ]

デザインの3つのポイント

①文字の量（大きさ）

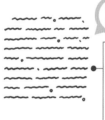

・文字が小さ
すぎる
・文字量が多
くて読みづ
らい

②レイアウト

・文字・グラ
フ・写真が
バラバラに
置かれてい
る

③配色バランス

・文字の色使
いに統一性
がない
・画面の色数
が多すぎる

プレゼンの資料は
見やすさが大切

POINT
- [ ] ワンスライドワンメッセージで資料を作成しよう。
- [ ] デザインの3つのポイントを意識しよう。

本番で失敗しない！やりがちNGをおさえる

面接
特急合格BOOK

監修	総合型選抜専門塾 AOI　福井　悠紀
編集協力	髙木　直子
	渡辺　泰葉
	相澤　尋
	エデュ・プラニング合同会社
イラスト	純頃　かざま　りさ
ブックデザイン	別府　拓（Q.design）
DTP	株式会社　ユニックス
企画・編集	小椋　恵梨